第一二七辑

老照片

OLD PHOTOS

主编 冯克力

执行编辑 赵祥斌
特邀编辑 张　杰
丁　东
邵　建
美术编辑 王　芳
特邀审校 王者玉

山东画报出版社

图书在版编目（CIP）数据

老照片.第127辑 / 冯克力主编. —济南：山东画报出版社，2019.10
ISBN 978-7-5474-3286-0

Ⅰ.①老… Ⅱ.①冯… Ⅲ.①世界史—史料②中国历史—现代史—史料 Ⅳ.①K106 ②K260.6

中国版本图书馆CIP数据核字（2019）第233180号

老照片.第127辑
冯克力主编

责任编辑 赵祥斌
装帧设计 王 芳

出 版 人 李文波
主管单位 山东出版传媒股份有限公司
出版发行 山东画报出版社
社 址 济南市市中区英雄山路189号B座 邮编 250002
电 话 总编室（0531）82098472
市场部（0531）82098479 82098476（传真）
网 址 http：//www.hbcbs.com.cn
电子信箱 hbcb@sdpress.com.cn
印 刷 山东临沂新华印刷物流集团有限责任公司
规 格 140毫米×203毫米 1/32
6印张 139幅照片 120千字
版 次 2019年10月第1版
印 次 2019年10月第1次印刷
书 号 ISBN 978-7-5474-3286-0
定 价 20.00元

目录

封　面　民国年间的姐弟合影（吕蔚东）

封　二　韩国汉城（今首尔）贫民窟里帮女儿剪发的母亲（秦风）

封　三　1942年，流亡大后方的一家人（徐立汉）

一家人与一只华南虎的往事

李　伟

2011年6月11日，英国《卫报》登出了一则“旧闻”，故事的讲述者是一位名叫约翰尼·威勒鼎的英国老人，他年过八旬，深居简出。如果不是老照片见证，恐怕没有人相信他曾在中国生活，且陪伴他度过童年的竟是一群动物，其中还有一只老虎。

约翰尼·威勒鼎1923年生于中国。父亲十九岁时就从英国来华闯荡，在海关谋得工作，此后一路升职，并娶得他上司的中丹混血的女儿——玛丽·伊丽莎白。他们生下了两女一男，也就是约翰尼和他的两个姐姐。

1929年秋，一纸调令，威勒鼎一家来到福建省东部港口——三都澳。1899年这里被清政府主动辟为通商口岸。威勒鼎成了当地海关——福海关的新一任代理税务司，统领海关工作。依照惯例，一家人入住税务司公馆。这是一栋券廊式二层建筑，位于三都澳中央的三都岛，居高临下，视野绝佳，彰显着海关在这片港湾的至高地位。

此时，约翰尼已经到了上学的年纪。对他来说，童年是孤独的，父母只在一日三餐时露面，陪伴他更多的是奶妈、保姆和宠物狗。由于当地教育条件有限，约翰尼被送到一所离家遥远的学校上学，与家人更加聚少离多。

这一天，约翰尼·威勒鼎正在教室里上课。他不会想到，此时此刻家门口突然响起的敲门声，即将改变一家人的生活。

约翰尼的母亲玛丽打开房门，只见三个士兵站在门口。领头的士兵自报来意：他们是专为一只小虎崽而求访的。原来，周边有个村子被老虎闹得鸡犬不宁。一队士兵临危受命，他们射杀了母虎，又在“庆功宴”上吃了两只幼虎。仅有一只公虎崽幸存了下来，出生才十来天，还看不见东西。不知是出于同情，还是想发笔财，几个士兵提起了约翰尼的母亲，认为她很可能愿意购买。果不其然，约翰尼的母亲以三十六美元的高价买下了这只名叫“太极”（Tiggy）的公虎崽。

此事暂且按下不表。我们有必要了解一下约翰尼的母亲和这家人不同寻常的生活。

在约翰尼看来，他的母亲玛丽是家里的权威。这位原本害羞娴静的女子，婚后却因痴迷饲养宠物而“疯”名远播。约翰尼记得母亲养过的宠物，“有一只鹿、一只豪猪、一只鹈鹕和一只狐狸”，“还有一只黑猩猩，以及在我出生前有一只豹子。这些动物差不多住在一块儿，各有各的笼子，但每天总有几小时与家人和狗打成一片。它们种类不同，但这似乎不成阻碍”。

约翰尼记得一只名叫“米奇”的猴子，喜欢坐在大姐弗雷迪的肩上，耷拉着尾巴。“五岁时，我突发奇想，扯了它的尾巴。真是一场灾难”，猴子被吓得不轻，自此不让约翰尼近身。此外，有只强壮的黑猩猩，也是家庭一员，常被约翰尼的玩伴们戏弄。一次，一个男孩照常踢它取乐，不料遭到回击，重伤送医，而黑猩猩自此被严加管束。

约翰尼与“太极”虎在自家花园玩耍。摄于20世纪30年代初，选自约翰尼家庭相册。

除了饲养宠物以外，约翰尼的母亲还热衷收集蝴蝶、飞蛾，它们虽不像热带品种那般五彩缤纷，但也足够夺人眼球。约翰尼的母亲没有用含氰化物的传统“杀虫瓶”使昆虫立即毙命，而是直接用针将活虫插着，置于标本展示柜里。“我特别记得‘骷髅飞蛾’，当它们感到不安时就吱吱地叫。这些可怜虫被钉上板后，会叫上一两天，但这似乎没有打扰到我的母亲”。在约翰尼看来，他的母亲是令人敬畏的。

在这座中国南方的岛屿上，约翰尼一家过着优越的生活，却也必须应对一些麻烦事，例如台风、蛇鼠。一天，约翰尼的奶妈冲入房子，失声尖叫。原来，一条大蛇正在吃屋外养在笼子里的鸽子，而另一条蛇已饱餐过一顿，正准备从铁丝网上的小洞溜之大吉，但由于大腹便便，进退两难。约翰尼的母亲抓住了这条被困的蛇，用手从尾向头倒推腹鳞。这个招数使得蛇动弹不得，浑身僵硬。佣人们对此大为惊奇。约翰尼的母亲因此又获得了一个类似“女巫”的名号。

因为对丹麦血统感到自豪，约翰尼的母亲决定饲养大丹犬，这是原产于丹麦的著名犬种。她一度饲养着 11 只大丹犬和 8 只其他品种的狗。当地人满心疑惑地围观，不知“宠物”为何物，而一些村民从中看出了“商机”，争相将稀奇的动物养在自家的房前屋后，期待约翰尼的母亲惠顾。

言归正传。这只不期而至的虎崽“太极”就这样进入了这家人的生活。为了将它带上岛，约翰尼的母亲还支付了一笔交接费用。尽管与英国领事夫人共同担负养虎开支，但她必须承担抚养的全部工作。

“太极”刚来时，仅仅 5 磅（约合 2.3 千克），头尾长 19 英寸（约合 0.48 米），在被用奶瓶喂养几个月后，成长得很茁壮。“太极”十分顽皮，最喜欢的恶作剧是躲在椅子或门后，突然跳出来猛扑，练习捕猎本领。这些举动最初把这家人逗得直乐。在他们眼中，“太极”和小狗无异。但当“太极”长到成犬般大小时，它的“恶作剧”便使人不寒而栗。“长大后，‘太极’会跳出来扑倒你，把你压在身下，并张开嘴，对着你的喉咙。这些都是游戏，和它的所有举动一样友善。它甚至有可能变得温驯”，约翰尼说道。

终于，约翰尼的母亲认为“太极”越来越危险。她无法将它放归野外，又不信任上海动物园。在英国领事夫人的共同施压下，当时航行在中国南方的英国皇家海军“肯特”号船长被说服，在返回查塔姆海军船厂时，捎带上这只老虎，送去了一个可信赖的动物园。

“太极”虎在 1936 年相当风光地抵达英国，成了媒体的

“太极”虎与“肯特”号上负责照顾它的船员。摄于1936年，英国国立皇家海军博物馆收藏。

宠儿。一份报纸上写道：“每晚，老虎‘蒂姆’都在后甲板和船员们玩耍”，“他是大伙的最爱”。“蒂姆”可能是船员们给它起的新名字。另一份报纸还刊登了“太极”在甲板上的照片。从照片看，它正在对负责照顾它的船员“动粗”。虽然得到了明星般的待遇，但实际上，“太极”在几个月的远洋漂泊中没少受苦。最终，它被送进了伦敦动物园。

1937年，日本侵华战争全面爆发，许多外国人被迫离开中国。约翰尼的父母先是乘卡车穿过越南，再坐一艘香港来的拥

“太极”虎在“肯特”号上。摄于1936年。
这一照片被制成了明信片，笔者收藏。

挤不堪的船去往英国。此前，约翰尼的母亲仍然试图说服有关当局允许她带上仅剩的一只大丹犬。

终于，在二战前夕，这家人抵达了英国。约翰尼的母亲冲进动物园来看“太极”。虽然被人群簇拥，“太极”还是认出了她。它四处跳跃嚎叫，“很明显，它奋不顾身地想要靠近。动物园的管理员同意我的母亲进入笼子触摸它，我不知道他们如何免于因此受罚”，约翰尼回忆道，“母亲和‘太极’相拥在一起，

福海关税务司公馆。约摄于 1908 年，贝尔法斯特女王大学图书馆收藏。

在日军轰炸中被毁的福海关磅房。摄于 1940 年 7 月 23 日，笔者收藏。

难分彼此。有人告诉我，在离别后，‘太极’咆哮了很久”。

约翰尼被送进英国的一所寄宿学校继续学业。对他来说，这是个完全陌生的国度。“在英国，最震惊的是夜晚如此安静。在中国，所有动物都在夜晚外出活动，比白天还吵闹。”

因为二战爆发，约翰尼和家人再也没能回到中国。当时的中国正笼罩在战争的硝烟之中，他们生活过的三都澳也未能幸免。从1938年起，日本发动了多次袭击，将三都澳上的街道几乎夷为废墟，并将整个港口封锁。在绝望中，约翰尼和一个姐姐不得不放弃中国国籍。

对于这个家庭而言，变故接踵而至——约翰尼的父亲突然去世。约翰尼的母亲从未在英国生活过，自此不得不带着三个孩子艰难度日。值得庆幸的是，约翰尼学医后成为一名病理学家。约翰尼的母亲在切尔滕纳姆市一幢简朴的房子里安住下来。多年来，没有比狗更奇特的动物陪伴她。

约翰尼和家人也再没见过“太极”。当约翰尼的母亲走出动物园时，能听到的只有“太极”撕心裂肺的吼叫。“这叫声太叫人伤心”，约翰尼说，他的母亲因为这次分别肝肠寸断，以至于再也没去过。若干年后，“太极”在伦敦动物园孤独离世。

半个多世纪的烟云倏忽而过。在2011年，也就是这个故事初次见报时，约翰尼已是八十八岁高龄，和妻子居住在英国罗瑟勒姆一间普通的红砖房里，他们没有养任何宠物。

约翰尼或许从不知道，在遥远的中国，他曾经的家——福海关税务司公馆，在日本的多次轰炸中幸存了下来，至今屹立。但有一件事，他应当有所耳闻：华南虎，这一中国特有的虎种已在野外灭绝。客死他乡的“太极”成了它所属族群悲剧命运的缩影。

盎斯家族在烟台

魏春洋

提到近代烟台商业，就不能避开盎斯洋行。盎斯洋行是近代烟台最大的洋行之一，1886 年由德国人盎斯在朝阳街设立。其鼎盛时期，不仅控制了烟台的花生出口业务，也垄断了烟台的西医、西药及医疗器械的进口业务，烟台的第一架 X 光机就是由它进口到法国天主教施医院（现烟台山医院）的。当然，此文谈的不是盎斯洋行，而是盎斯洋行创始人盎斯及其家族的故事。

醉心于柞蚕纺织业的奥托·盎斯

盎斯洋行的创始人是奥托·盎斯（Otto Ferdinand Fritz Anz），1840 年出生于德国西普鲁士的马林韦尔德（Marienwerder，二战之后割让给波兰），父亲海因里希·盎斯（Heinrich Franz Anton Anz）是西普鲁士马林韦尔德区的政府专员，1848 年当选为法兰克福国民议会代表。起初，奥托·盎斯在汉堡学习商业。上学期间，奥托·盎斯发明了柞蚕纺织技术。德国克雷菲尔德一家纺织厂对此非常感兴趣，委托奥托·盎斯进行试验。奥托·盎斯知道中国有丰富的柞蚕资源，就前往中国。在中国，奥托·盎斯考察了中国的造纸、印刷、茶叶、丝绸等行业，发现中国存在巨大的商机。于是决定在中国重要的养蚕省份山东，成立一家自己的纺织工厂。

回德国复命之后，这个追寻“中国梦”的德国人奥托·盎斯就偕全家前往中国开埠城市——烟台。奥托·盎斯加入了烟台缫丝局（Chefoo Filanda），担任技术员。烟台缫丝局是德国宝兴洋行（Crasemann & Hagen）1877 年在烟台设立的一家工厂。这是山东省第一家机器缫丝厂，也是全国第一家专缫柞丝的近代机器工厂。该厂的设备均从外国进口，使用法国“开奈尔式”蒸汽动力缫丝机。机器缫丝质量高，但成本很高，所以在与土丝的竞争中处于下风，企业渐渐陷入困境。1882 年，烟台缫丝

图 1 奥托·盎斯和烟台缫丝局的中国工人。右边前面的西方人是奥托·盎斯。

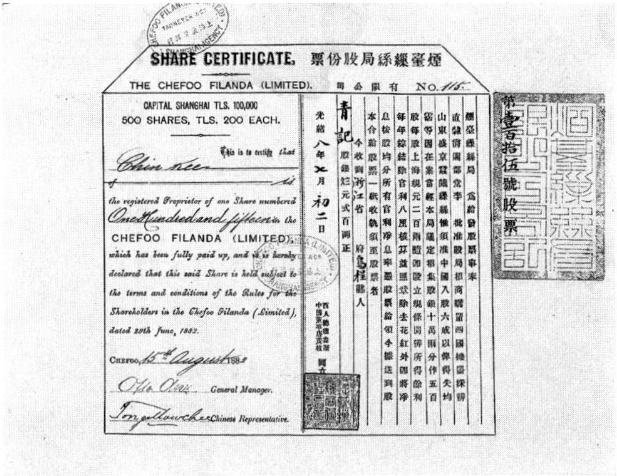

SHARE CERTIFICATE. 煙臺繅絲局股份票

THE CHEFOO FILANDA (LIMITED). 有限公司 No. 115

CAPITAL SHANGHAI TLS. 100,000
500 SHARES, TLS. 200 EACH.

This is to certify that Chin Kee of — is the registered Proprietor of one Share numbered One Hundred and fifteen in the CHEFOO FILANDA (LIMITED), which has been fully paid up, and it is hereby declared that this said Share is held subject to the terms and conditions of the Rules for the Shareholders in the Chefoo Filanda (Limited), dated 29th June, 1882.

Chefoo, 15th August 1882

Otto Anz General Manager.

Tong Mowcher Chinese Representative.

第壹百拾伍號股票

烟台缫丝局股份票。

局改为中德合办，并招股改组为股份有限公司，大部分股东是中国人。由奥托·盎斯担任总理（经理），怡和洋行买办唐茂枝担任中国董事。但经营很不成功。1886 年，烟台缫丝局被转让给当时的东海关监督盛宣怀。盎斯以自己所占有的股份获得了三万银两补偿。盎斯利用这笔巨资于 1886 年创办了一家进出口公司——盎斯洋行，后来盎斯洋行发展成为烟台对外贸易的巨擘。盎斯洋行一直经营到二战结束，奥托·盎斯的小儿子奥斯卡·盎斯（Oscar H. Anz）后来担任盎斯洋行经理。奥斯卡生于 1877 年，在德国杜塞尔多夫和伯格多夫接受教育后，1893 年来到烟台。其后，除担任过盎斯洋行的经理，1903 年还担任比利时驻烟名誉领事。

1902 年，德国在青岛沧口（Tsangkou）成立了一家中德合资的德华缫丝工业公司（国棉九厂现址），用新法缫制野蚕丝

（柞丝），雇用了1200名熟练工人。雄心未泯的奥托·盎斯在缫丝工业公司获得了一个重要的职位。但是，沧口的德华缫丝工业公司后因经营不善，于1909年倒闭。在此之前的1905年，六十五岁的奥托·盎斯与妻子玛利亚·盎斯返回德国，颐养天年。

热心于地理测绘的沃尔特·盎斯

奥托·盎斯有两个儿子，大儿子沃尔特·盎斯（Walter Anz）生于1875年。幼年时，沃尔特·盎斯随父来到烟台。其时，在山东已有很多德国的传教士。奥托·盎斯请了德国传教士教授大儿子沃尔特·盎斯德语功课，还在烟台聘请了一位中国老

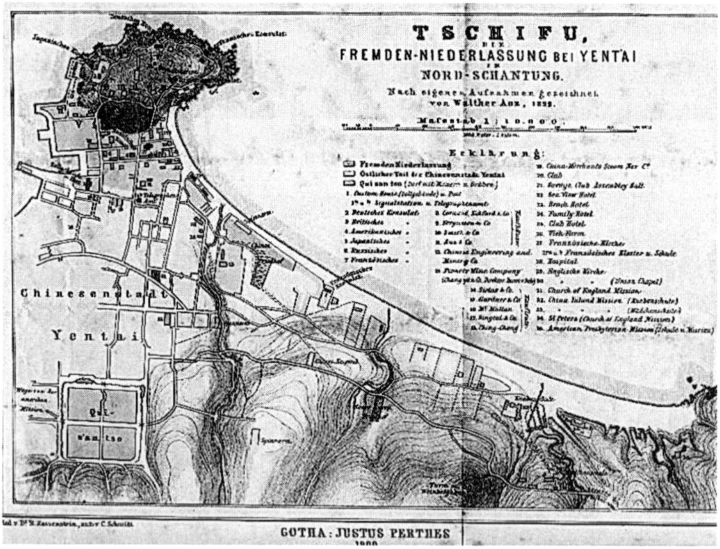

沃尔特·盎斯绘制的烟台地图。

沃尔特・盎斯绘制的烟台风景——从烟台海滨望芝罘岛。

沃尔特・盎斯 1908 年绘制的沧口周围风景。

师教授儿子汉语、书法以及一些儒家课程。

为了继续接受教育，沃尔特·盎斯不久回到德国，在杜塞尔多夫艺术学院（Dusseldorf Art Academy）完成大学学业，其后又在哥达服了一年兵役。1898 年，沃尔特·盎斯回到烟台，在盎斯洋行为其父工作。这个时候，奥托·盎斯仍旧没有放弃建立自己纺织工厂的宏愿。他发现烟台内地出产野蚕茧，而且价格合适，就派遣沃尔特·盎斯到乡下收购。于是，无论严寒酷暑，人们经常会看到一个高个子西方青年，在烟台乡间小路上行色匆匆，晚上他就睡在乡下小旅馆的炕上。对于这位金发碧眼的西方人，乡下农民无比好奇，经常有人用手指轻轻地戳开窗纸，偷偷地观察这个老外。幸亏沃尔特·盎斯有着极高的语言天赋，汉语流利。一个无人陪伴、游走乡下的西方人，与当地的乡下人相处得很好。

在儿童时代，沃尔特·盎斯就听说过德国著名地质、地貌学家斐迪南·冯·李希霍芬（Ferdinand von Richthofen）。李希霍芬曾经八次来华进行地理考察，他绘制的中国地图、写的中

沃尔特·盎斯绘制的青岛到沧口的火车。

Kiautschou-Bibliothek. 48

Mitgliedskarte.

für

gültig

Betrag v. 6,00 richtig erhalten bescheinigt.

Tsingtau, den 30.4. 1904.

沃尔特·盎斯在青岛的图书证。

1907 年，沃尔特·盎斯和妻子奥蒂。

国游记深深地吸引了沃尔特·盎斯。受李希霍芬的影响，沃尔特·盎斯醉心于制图与地形学。在德国学习期间，他特意购买了一架专业测绘仪器——经纬仪。他发现，尽管李希霍芬绘制的中国地图很翔实，但仍有许多不完整和不准确的地方。沃尔特·盎斯接管了父亲的工作后，有机会进行自己喜爱的测绘工作。他经常到烟台各地进行测绘，有时几个星期都在野外工作。这一段时期，沃尔特·盎斯绘制了很多详尽的烟台地形图。

1902 年，沃尔特·盎斯和新婚妻子也追随父亲奥托·盎斯来到青岛，在德华缫丝工业公司工作。在此期间，他仍然热心于测绘工作。其间，他绘制了详尽的山东省地形图，并且用汉字做了注释说明。与此同时，他还教授在缫丝公司里面工作的

1911 年，沃尔特·盎斯全家人在烟台。

中国少年德语，也教授他们学习中国书法、文学和地理。

1909 年，沧口的德华缫丝工业公司因为经营不善而倒闭。对沃尔特·盎斯来说，这就一下子断绝了经济来源。幸好，此时烟台盎斯洋行的老板是沃尔特的弟弟奥斯卡，他答应给沃尔特提供一个洋行职位。于是，沃尔特·盎斯及其全家又回到了烟台。在洋行工作期间，沃尔特·盎斯曾被任命为德国驻烟台领事馆的副技术顾问，当时是 1910 年。

1911 年，对中国人来说注定是不平静的一年。其时中国国内局势已是异常混乱，辛亥革命如火如荼，就连黄海一隅的烟台也被革命浪潮所波及。面对日益复杂的形势，沃尔特·盎斯不愿再待在混乱的中国，决定另谋出路。于是他向德国政府部门求职。不久，德国农业部为他提供了矿山和地质总局下属地

沃尔特·盎斯的妻子奥蒂和女儿

理部门制图员的职位，工作地点在南美洲阿根廷首都布宜诺斯艾利斯。于是，1912 年 1 月，沃尔特·盎斯将其妻子和孩子留在烟台，独自乘船前往南美洲。从此他再也没有回到中国。据其孙女回忆，沃尔特·盎斯家里摆满了大量从中国带走的家具，他极为喜欢中国，甚至把自己都认作一个中国人。

一位调干生的影像记忆

陈 杰

1949年6月，不满十四岁的毛微昭参加了革命工作，成为一名农村干部。1955年，他以调干生的身份考进了复旦大学新闻学系，成为新闻学系第一届五年制本科学生。

入学后，在全国著名学者和政治家陈望道校长、著名新闻教育家王中教授的指导下，毛微昭投入紧张的学习生活当中。到1957年夏，反右派斗争骤然而至，教学秩序受到了干扰。紧接着，1958年“大跃进”运动开始。是年秋，毛微昭和全年级同学下放到上海宝山县罗店镇跃进人民公社劳动锻炼，与农民同吃同住同劳动。1959年春，到上海第五钢铁厂劳动锻炼。毛微昭至今保留着他下放劳动时拍摄的照片，真实地记录了那一段生活，也可作为共和国一段历史的见证。

罗店劳动

1958年中秋节这天，毛微昭和全年级同学一百余人离开了无限依恋的复旦课堂，到了宝山县罗店镇的跃进人民公社。

“大跃进”的风早已吹进了宝山县西北部的罗店镇，最吸

图 1 毛微昭（右）和六妹在复旦大学。摄于 1957 年 10 月 4 日。

引人注意的是墙上的宣传画，还配了诗："稀奇真稀奇，茄子当马骑。骑到哪里去？北京去报喜。"毛微昭带着迷茫的心情来到这片新的土地。既然上级说大学生需要脱胎换骨式的改造，他便真心实意地投入繁重的体力劳动中去，在田间地头翻地、收割、挑担施肥，他挥洒着汗水，希望汗水能冲刷掉心灵的污秽，换来一个全新的自己。

当时正是"人有多大胆，地有多大产"的年代，各地高产"卫星"频放。河南、湖北不少地方都已放飞了亩产万斤的"卫星"，

图2 收割水稻。右一为毛微昭，后白衣者为当地农民张碧英、陈秀珍、赵慧娟。此照片及后文所载在罗店劳动的照片大多为郑北渭老师拍摄。

罗店岂能落后？那就搞卫星试验田，搞深耕密植。深耕，不是由五六寸加深到八九寸，而是如挖战壕，一条覆盖一条；密植，也不是一亩地加播种子三两五两的，而是把三倍五倍的精选种子往地里抛；底肥更不用说，想上多少就上多少。

罗店地处平原，土地广阔。相对于试验田，更多的是大田。没有牛耕，由人用铁锹翻地。每天都有翻不完的地，白天、晚上连着干。白天干了一整天，睡到半夜，下地的哨声又响起来，大地还是漆黑一片，田头已是人声鼎沸。中饭也送到田头，大家席地而坐，就地解决。有时候，人立在地里，扶着锹柄，就睡着了。连续十多天高强度的体力劳动，真可谓是“脱胎换骨”了！

劳动间隙，安排张关鸿、董曾琳等同学给农民读报，还让当地的妇女队长唱歌来提劲，这一切都被带队的郑北渭老师拍摄了下来。郑老师曾留学美国，当时已是小有名气的摄影艺术家，他拍摄的在罗店劳动的照片后来还登在了《中国妇女》杂志上。

劳作之余

繁重的田间劳作之余，还有各种各样的活动。

一是参观试验田。经过深耕密植后，试验田上初出的麦芽儿，密密麻麻，一片碧绿，组织者眉开眼笑，参观者啧啧称道，似乎卫星上天，已成铁板钉钉的事了。过了半个月，毛微昭和几个同学又去欣赏试验田。麦苗长得更加密密麻麻了，只是碧

图3 田间交谈。毛微昭（左）手中拿着的是铁耙，当时犁地靠畜力，也靠人力。右边为当地农民朱振华，平时学生称其为三阿伯。地边的庄稼是正在生长的棉花。

图4 毛微昭（中间束腰穿白衣者）和当地农民在试验田里挖深壕，搞深耕密植。前穿白衣者为金德俊，是当时上海市劳模，植棉能手。

绿已变成半青半黄，麦苗在相互挤压下一半已经枯黄了，眼看是损失惨重了。正唏嘘间，忽见妇女队长在一边悄悄落泪，他们走过去陪她一起流泪。

二是办油印小报。试验田虽然失败了，但各种宣传工作还得紧锣密鼓地进行。有一次公社要出油印小报，让大学生们去刻印。毛微昭也领受了任务，负责改稿和刻印。公社办公室编出的稿件十分粗糙，他们一边刻印一边修改，有时刻好、印好已是深夜。除了编印小报，大学生们还在墙上画各种各样的宣传画，宣传“大跃进”的大好形势。

图 5 学生们参与堆草垛。

三是认干娘。离开罗店前，由组织上统筹部署，每个大学生分配一位农民老大娘认作干娘，包括和毛微昭一个小组的郑北渭老师和丁淦林老师，也都认了一位贫下中农做干娘。毛微昭的干娘是生产队长李叶芬的婆婆，一位慈祥的农村老太太。认了干娘后，和农民的感情也似乎一下子拉近了，他们彼此都以家人称呼。毛微昭叫李叶芬阿姐，对方回称弟弟。这是一种真挚的感情。1961 年，毛微昭从青海柴达木退职回浙江老家时，曾专程去罗店看望乡亲们，他们都很热情，还张罗着要为他找对象。还有，后来分配到北京工作的一位女同学当时生孩子，也是到罗店她干

图 6 田头读报。前排中黑衣背对镜头者为毛微昭，中间读报者为毛微昭同班同学张关鸿，时任复旦大学学生会宣传部长。

娘家生的，坐月子期间得到了干娘一家的精心照顾。

到了冬天，农活少了。就在此时，消息传来，“钢铁元帅”要升帐，学生们将被转移去新上马的上海第五钢铁厂劳动。离别那天，大家依依不舍，聚在一起拍照留念。泪雨共沾巾，观者亦唏嘘！

在上钢五厂

1959 年 1 月 5 日，复旦大学新闻系 1955 级乙班全体同学，离开宝山县罗店的跃进人民公社，到位于吴淞口的上海第五钢铁厂一边劳动，一边办报。当时，复旦大学党委书记杨西光和

图 7 田头唱歌。图中唱歌的是当地妇女生产队长。前排穿着白衬衫的是毛微昭，他耷拉着头，似乎已经累得直不起腰了。

图 8 田头吃饭。“大跃进”时期办公共食堂，中饭全部送到田头，中午也不休息。

图 9 毛微昭（右）和同学徐成滋（左）、王福源（中）一起改稿子、编小报。

图 10 当年罗店的妇女们。左一为生产队长李叶芬，是毛微昭干娘的儿媳。左二为妇女副队长，右一为张碧云。当年罗店妇女的服饰有点特别，穿在最外面的是一件下襟分开的毛衣。背后房子墙壁上画着“大跃进”的宣传画。

从中央党校下放到上钢五厂担任党委副书记的孟凡是新四军时的老战友，私交甚好。他们见面后，谈到复旦新闻学系要开门办学，上钢五厂也需要加强宣传工作，想办一张报纸。于是，复旦新闻学系就安排了 1955 级乙班去做这件事。

带队去上钢五厂的老师有郑北渭、丁淦林两位。上钢五厂的厂报名为《合金钢》，之所以叫《合金钢》，可能有两个含义：上钢五厂是炼合金钢的厂；上钢五厂的人也要像合金钢一样顶用。这个厂是 1958 年夏天上马的，到这年年底，厂区只有厂房、一栋简易的两层办公楼和芦席棚顶的饭堂。学生们都住在蕴藻浜的国棉八厂的两间大教室里。两位老师跟男生住在一起。

毛微昭和同学们被分配到炼钢、轧钢、铸造、机修等车间

图 11 和社员们合影。后排左三戴帽者为毛微昭，左四为带队老师丁淦林。照片背景是解放战争时期留下的碉堡。

跟班劳动，并了解所在车间情况，为《合金钢》写稿。写好稿子后，再由轮值的学生编辑，交给厂报专职编辑，每周出一期，每期八开一张，铅印。

复旦的学生在上钢五厂期间，得到了上钢五厂党委副书记孟凡的多方照顾，孟凡对大学生们非常关心和爱护。他称乙班这个小集体是“兄弟姐妹小组”，他自任组长。孟凡那时还不到四十岁，上钢五厂是全国闻名的大厂，一位大厂的党委副书记、抗日战争初期参加革命的老干部，自称是“学生们的老大哥”，经常同他们在一起，不谈阶级斗争，只谈“我们都是来自五湖四海，为了一个共同的革命目标，走到一起来了”，都是革命队伍里的同志，是兄弟姐妹，使得大学生们非常感动。有一次毛微昭感冒发烧，丁淦林老师知道后找到孟凡，厂里就派了一辆吉普车把毛微昭送到江湾医院看急诊。在 20 世纪 50

图 12 毛微昭在上钢五厂转炉车间旁。

图 13 毛微昭（后排左一站立者）和同学与制砖车间干部合影。

年代，能坐吉普车是非常难得的事情，让毛微昭终生难忘。毛微昭后来还专门写文章纪念这位可敬的长者。

1959 年 4 月 7 日，毛微昭和同学们离开了上钢五厂，回到了复旦。在上钢五厂劳动办报的时间虽然不长，但他们感到收获不小。大学五年的生活里，这是一段难得的温馨岁月。

回到复旦后，他们开始到新闻单位实习，后回校继续学习，直到 1960 年夏天毕业。

复旦五年的生活中，曾经有大半年的时间，毛微昭和同学们一起离开了校园，到农村、工厂劳动锻炼，并亲身经历了“大跃进”运动的兴起和高潮，对他来说，这是一段难忘而又特殊的经历。现在六十年过去了，这一切还恍如昨日。

大理忆旧

小 非

很小的时候，我就喜欢上了大理，因为电影《五朵金花》告诉了我苍山雪、洱海月、三月街、蝴蝶泉……年龄渐长，又知道了大理曾是南诏古国的国都所在。那种遥远和神秘，令人向往。没想到十二岁那年，终于有了一番大理的亲历。如今，几十年过去了，那些难以忘怀的往事依然清晰。

一、行路难

1968 年 10 月，五十四军从四川重庆移师滇西重镇大理。那时，著名的成昆铁路尚未贯通，高速公路更是闻所未闻。从内地到边陲，路途似乎十分遥远。而军列又是闷罐车厢，没有铺位，两侧摆满了稻草垫子，中间仅留了一条狭窄的通道，角落里是用雨布遮围的“厕所”，条件十分简陋。不过，我们这些孩子却非常兴奋，因为许多家庭躺在一个大车厢里，很是热闹。

我们自重庆九龙坡火车站出发，越过白沙沱大桥，经江津地区进入贵州，沿途穿遵义、贵阳、安顺。这一段，虽说山高坡陡，

1964年，五十四军部分领导在重庆军部圆亭子前留影。前排右二为副军长韦统泰。

火车“气喘吁吁”，但总算相对顺利。进入云南后，则险象环生。

经过连日的颠簸，从曲靖西行时，大家都很疲倦了。半夜里，本来轰隆隆行进的列车咣当一声不知怎么突然停在了隧道里，迷迷糊糊之中，我被这一晃惊了一下，接着又闷头睡了过去。但没过多久，有人咳嗽了，很快像是传染了一样，四处响起了此起彼伏的咳嗽声。我们几个挤在一堆的男孩儿，本来没什么大事，一听周边的动静，也故意大声吭、吭起来。

这时不知谁惊恐地喊了一声“煤气”，大家顿时生出了一些恐惧。昏黄的灯光下，车厢里似乎弥漫着淡蓝色的烟雾。

随车的战士打开紧锁的车门，我们扒着门边伸出一颗颗小脑袋，看到车头方向一片火光，心里不免有些恐慌，然而谁也不愿第一个说出害怕。就在大家的忍耐几近极限时，列车咣当一声又启动了，出了隧道，南国暗夜里略带清香的新鲜空气慢慢飘进了车厢，大人孩子顿时欢呼雀跃起来。

黎明，列车终于在缓慢爬行中来到了铁路的尽头——云南广通。走出车厢，人们披着高原的曙色，谈论起夜里历险的情景，仍然心有余悸。

广通是昆明西部的一个小镇，为滇缅公路的重要节点。早饭后，在兵站院子里，家属们按照司政后序列登上了临时征用的客车，很快沿滇缅公路向大理进发了。

1968年12月，五十四军首长到下关一三五师检查工作时在师部留影。前排左三为军长韦统泰、左四为军政委蓝亦农。

20世纪60年代末，大理汽车运输公司车队在滇缅公路上休息。

滇缅公路1938年贯通，是当时云南省政府主席龙云1937年在南京最高国防会议上提议修筑的。滇缅公路以昆明为起点，经楚雄、大理、保山、潞西至畹町，云南境内接近1000公里。出境后，它与缅甸的公路相接，是抗战时期西南地区最重要的交通动脉，也是日军占领缅甸前援华物资的主要输送线。1949年后虽然进行过重修，但由于地质条件的恶劣和维修物资的匮乏，路况一直不好。

时令已是初冬，高原上依然阳光灿烂，暖洋洋的，没有四川盆地的潮湿阴冷。天蓝极了，离我们很近，似乎伸手可及。远山近坡，芳草松林的气息沁人心脾。汽车顺着山路盘旋，路面很窄，转弯极多，探窗望去，悬崖峭壁让人头皮一阵阵发麻。转了半天，好像并没走多远，始终在山上环绕。

我们从小生活在四川，领教过蜀道之难，可滇缅公路之艰

20 世纪 60 年代末，大理南城门。（吴吉安供图）

险，丝毫不亚于它。临近中午，总算到了楚雄兵站，匆匆吃了点饭，往水壶里补充了些开水，就继续赶路了。

也许是滇西高原离太阳近了 2000 米，午后竟然热了起来。车队在干燥的公路上行进，卷起了滚滚尘土，雾一般顺着前车的轱辘钻进了后车的门窗缝隙，车厢里弥漫着呛人的泥土味。人们不停地喝水，仿佛只有这样，才能压住心中不断涌出的烦躁。红色的尘土附着在人们满是汗水的脸上，犹如涂了一层浓

1994 年底，作者重访大理时在南城门留影。左为原成都军区后勤部滇西仓库政委李敬祥。

重的油彩，有点像戏曲里的关公，众人对视，不禁哑然失笑。

危险与麻烦的事情还是发生了，前车转弯会车时轮胎压在了悬崖边上，一半着地，一半悬空。我们这辆车的驾驶员赶忙一个急刹车，大家被晃了个前仰后跌。然而最糟糕的是那只没有扣牢盖子的保温桶也躺下了，水几乎全洒了。

重新上路后，没过多久，干渴就开始困扰大家。那时候，一家一般只有一个军用水壶，喝光后必须从保温桶里续水。如今保温桶里的水洒了，水源一断，谁也无可奈何。

望着四处的崇山峻岭，真是有点绝望的感觉。小一点的孩子开始哭闹，水壶里仅剩的那点水留给了他们，大人们则用红军爬雪山、过草地的英勇故事激励我们这些稍大些的孩子，这种方式还挺管用，我们还真就把自己当成了红军，咬紧牙关忍受干渴，不吵不闹。其实，几个小时不喝水完全在生理可以承受的范围之内，时间再长，说什么都不会管用的。

傍晚，阳光开始收缩它的威严，接近终点的希望支撑着人们的信心。薄暮时分，我们终于远远地看见了大理。

二、城楼与三塔

我们抵达大理古城时，太阳已经完全落山，暮霭中首先映入眼帘的是一座高高耸立的城楼，它是古城的南大门，名为“承恩楼”，修建于公元1382年，也就是明洪武十五年。由于年代

20世纪60年代末，大理北城门，墙上的《毛主席语录》依稀可见。（李志华供图）

20 世纪 60 年代末，三塔寺。（董越摄）

久远，感觉有些破旧，唯有城门上方郭沫若先生 1959 年手书的“大理”二字，似乎还算新迹。

进入城中不久，又看见了与其遥遥相对的另一座城楼，它是古城的北大门，名为“安远楼”。南北城楼之间略偏西南方向，还有一座钟鼓楼，本名“五华楼”，是南诏王的国宾馆，明初战乱被毁后重修。

这三座城楼，飞檐拱梁，青砖灰瓦，遥相呼应，透出了一种雄伟和古朴，也让少年的我仿佛进入了历史的深处。

五十四军进驻大理时，“文革”已进行了两年多，大规模的“破四旧”基本结束，但拆除城楼之声仍很强烈。新上任不

1970 年初，十一军军长董占林在大理军部大院里小憩。

久的昆明军区政委谭甫仁巡视到此，也主张拆了。陪同谭政委视察时，董占林副军长在首长面前进言力保，城楼才得以留存下来。这位只读过四年私塾的儒将是京郊房山人，或许是印象中的北京城楼让他难以忘怀，大理的城楼虽远在西南边陲，却唤起了他旧时的记忆。

董伯伯后来告诉我，军长韦统泰事后对他说：“老董，咱们刚来，与谭政委也不熟，你这个人胆子大，敢讲话！”

董伯伯说，他的劝解委婉巧妙，是用“废物利用”的理由说服了谭政委。于是做了几幅迎“九大”的巨型宣传画，将三座城楼上半部分正反两面全部遮了起来，由军方严守，百姓不得登临。“九大”召开后，又换成了庆“九大”的内容，终于使拆除城楼之声慢慢消失了。

其实，古城原先还有东西两座城楼，1958年修水库时被拆除了。而钟鼓楼最终没有逃脱拆除的命运，1975年古城大道要裁弯取直，钟鼓楼恰好矗立在弯道上。彼时董副军长早已升任恢复组建的十一军军长继续留驻大理，但因九一三事件受到牵连正在接受审查，已没有任何话语权。

20世纪70年代初，十一军军部大门口。右为十一军后勤部政委王凤阁夫人李世翼。

1982年2月，国务院公布大理古城为全国首批二十四个历史文化名城之一，南北城楼也按照整旧如旧的原则进行了修葺，恢复镶嵌了“文献名邦”四个字。不过，如果当初不是董将军力排众议，历史就会在这里拐一个弯。1994年末，我有幸重访大理，终于登上了古城楼，想起这些亲历的往事，不禁心生陈子昂那样的感慨，“念天地之悠悠，独怆然而涕下”。

20世纪70年代初，十一军军部大门前的红太阳广场。右为军后勤部政委王凤阁夫人李世翼。

20 世纪 70 年代初，十一军军部院内的滇西解放纪念碑。左为军后勤部政委王凤阁夫人李世翼。

后来，董占林担任兰州军区副司令员，分管作训。2012 年初春，在北京总政西直门干休所他的家中，年过九旬的董伯伯笑着告诉我，1985 年，兰州军区四十七军到麻栗坡轮战，他到老山前线勘察完地形后，拐了个弯来到滇西，最后一次登临了大理城楼，他心情激动地对随行人员说，这座城楼能够留下来，我是出过力的。

大理作为滇西重镇，历来驻有重兵。远的不说，民国初期就驻有滇军的一个旅。1949 年二野太岳兵团十四军进驻，1968

1974年，后排左二为十一军后勤部政委王凤阁，左三为大理县武装部政委兼大理县革委会主任刘成仁；中排左二为大理县委办公室主任张舟，左三为王凤阁夫人李世翼。

年五十四军调防到此，1969年底恢复组建十一军，军部都在古城。

古城方圆不到4平方公里，而军部大院足足占了城区的六分之一，军直机关和直属队都在这个院里，唯有军高炮营在古城之外苍山北麓的崇圣寺，那里是南诏时期最有名的建筑之一，由于寺中有三座古塔，人们大都习惯称之为“三塔寺”。

1944年滇西反攻前，国民革命军第二十集团军总司令霍揆彰将军曾率部在三塔寺驻扎，他们最终从这里进发，从日寇手中收复了腾冲。

也许是高炮营的驻守，三塔寺得以在“文革”期间完好地保存下来，但也差点发生了一件不同寻常的大事。

高炮营营长是位东北汉子，1948 年塔山阻击战前入伍，一脸络腮胡子，人称大胡子营长，文化水平不高，作战勇敢。高炮营彼时刚从越南海防轮战归来，战功卓著，受到了胡志明主席的嘉奖，情绪非常高昂。他们进行高射机枪射击预习时，总以三塔中千寻塔顶上的金属圆球为目标。

一日夕阳将沉之际，落日的光芒将塔顶的圆球映照得熠熠生辉，金光灿灿。大胡子营长突发奇想，准备用高射机枪把它打下来，看看它究竟是纯金的还是鎏金的。纯金的就上交，鎏金的就卖了给连队添置些锣鼓家什。

当他得意地将这个想法汇报给下连检查作训的董副军长时，受到了严厉的训斥。大胡子营长委屈得不得了，他不理解，为什么要把这些陈旧破烂的玩意儿当成好东西?

如今，大理的旅游景点中，三塔可以说是最具特色的，让人流连忘返。三塔倒映碧水，轻风吹拂竹海，真是神仙境地。我曾数次重返大理，三塔是必去之处。每次到此地我都会想起这个故事，我也把它当作笑话讲给了大胡子营长的儿子，他说不记得他爹说过这件事了。是呀！历史往往就这样被湮没了。

三、古道与浣渠

古人喜欢逐水而居，洱海恰是迷人的地方。云南高原湖泊众多，五百里滇池闻名遐迩，洱海屈居第二。以“洱”为名，是说它“形若人耳”；将“湖”称为“海”，源自西南习俗。

洱海水面有三岛，沿岸有四洲、五湖、九曲，风光非常秀美，面积在 250 平方公里左右，容量可以达到 25 亿立方米以上，经

1974年，大理县蹬石路改造前，云南省有关领导到大理视察。前排右一为大理县委书记赵枝源，右三为大理州委书记刘树生，右四为省革委交通组负责人杨绍夫，左一为县委办公室主任张舟。

流面积接近3000平方公里，入湖的河道沟渠差不多有200条。洱海从西洱河流进漾濞江，然后又汇入澜沧江，最终注入了太平洋。从这个意义上说，“海”的称谓也不虚妄。

围绕着这片美丽的水面，历史上散布着六大“白蛮”“乌蛮”部落，部落的酋长称为“诏”，因而有六诏之谓。“乌蛮”蒙舍诏地处南部，也称“南诏”。战国时期开始，中原地区就派兵进入过云南。唐太宗时，南诏因牵制“吐蕃”有功，在唐王朝的支持下强大了起来。

唐玄宗时，南诏皮逻阁被封为云南王，他兼并了另外五诏，成立了统一洱海地区的南诏国，中心就在大理古城。古城的东边是洱海，西边是苍山，那里是苍洱之间的一片平坝。

云贵高原名不虚传，苍山连绵 48 千米，最高峰海拔高达 4122 米，但“比高”只有 2100 多米。也就是说，大理古城是修建在一个高出海平面近 2000 米的地方。其最初的建设就是从古城的大道开始的。

这条古道，顺着苍山洱海的山脉海势，从西南向东北纵贯，穿城之后又回转西北连接三塔寺，整条道路全部用 10 厘米见方的棱石铺就。这种道路，标准的叫法为“蹬石路”，欧洲保存得最好，国内已不多见，云南大概是保存得最多的地方，古城则规模最大。

不过，白族人却喜欢叫它“苞谷路”，意为高低不平，如

20 世纪 60 年代末的洱海岸边的渔船。（董越摄）

同玉米粒附着在棒子上一样，非常形象。

大理是茶马古道的重要节点，旧时马帮不断，骡马整日在“苞谷路”上行走，蹄钉把道路凸起的地方磨得十分圆滑，方形棱石慢慢就泛出了光亮，道路上如同铺了一片青黑色的鹅卵石，非常有特色。

我就曾在相当长的一段时间里，以为“苞谷路”就是条鹅卵石铺就的道路，心里奇怪，这么多的鹅卵石究竟是从哪里来的？不过，那时我们刚从都市搬到边陲，山城重庆的柏油马路令人记忆犹新，看着大理凹凸不平的“蹚石路”，心里十分不屑，哪里品味得出这里面的历史沧桑！

“苞谷路”东侧，有一条贯穿南北的浣渠，宽一米左右，深三尺有余；西侧的每条小街，一条条支渠通过暗渠穿越“苞谷路”，与南北向的主渠相连，将苍山流下的溪水源源不断地引入城内；东侧的每条小街，则通过一条条支渠，将主渠的溪水引入街巷，最终流向了洱海。

苍山有十九座山峰，终年积雪，两峰之间的山谷，形成了十八条溪流，雪水和山泉相融，甘洌清凉，顺着山谷经年不息地流向东方，其中桃溪、中溪、绿玉溪穿越了古城，淙淙的流水声萦绕耳畔，四时不断。

旧时的古城，饮水靠井，淘米洗菜人们则喜欢来到浣渠，推开街门，就是溪水，每隔几十米，浣渠都留有一个开口，方便人们上下。

令人印象深刻的是，浣渠的开口处，镶嵌了图案各异的天然大理石，我经常蹲在那里，饶有兴致地仔细端详那一幅幅美丽的画面，感觉造物主的鬼斧神工，实在有些不可思议。

夜晚人少，我们经常光着身子跳进浣渠嬉闹，惹得当地人

1969年初冬，作者兄妹三人与母亲在大理喜洲洱海渔码头合影。左一为作者。

1969年初冬，与同伴华贾林在大理喜洲洱海岸边留影。左为作者。

很不高兴。其实，我们更喜欢跳入洱海游泳，不过家里管束较严，因为洱海为典型的地堑式湖盆，岸坡陡峭，入水就没顶，大人怕我们下去后再也上不来了。虽然他们防范很严，但我们总是偷偷摸摸地下水，白天很难过瘾，那就晚上到浣渠里折腾。

非常遗憾的是，如今人们已看不到古道了，浣渠也面目皆非。1975年，十一军想要整修三塔寺营门附近的道路，这个想法与地方不谋而合，县里抓住机会，立即派县委办公室主任张舟去了昆明。

张舟阿姨与我们曾是邻居，她笑着对我说，经过多次软磨硬泡，她终于从省里争取了二十多万资金，县里又筹措了一部分。有了这个基础，县委又安排张舟阿姨与部队联络。张舟阿

1970年春，作者的小妹妹在大理着白族服装留影。时年五岁。

姨的爱人王庆喜曾任十一军政治部副主任，她与十一军后勤部政委王凤阁也很熟。三方的资金合在了一起，很快古城大街的“苞谷路”就被沥青覆盖了，大家都不喜欢它的坑坑洼洼。覆盖时为了拓宽道路，顺便又把浣渠填埋了，捎带着还拆除了钟鼓楼。

虽然彼时古城已有自来水，但一条浣渠穿城而过，仿佛一条内河，给古城增添了许多秀美，极具观赏价值，然而当时说填就填了。

20世纪90年代中期，人们后悔了，然而“木已成舟，悔之晚矣”！“苞谷路”已无法复原，工程太浩繁，成本也太大，只能退而求其次，在沥青路面上铺了一层花岗岩火烧板，不过，感觉完全不是那么回事了。主浣渠虽然恢复，但旁边没有“苞谷路”相伴，缺少了情趣。还有就是1998年重修了钟鼓楼，但昔日的沧桑与厚重永远找不回来了。

四、小吃与饵丝

大理的茶花闻名天下，尤其令人称奇的是，山茶树竟然可以长到五六米高。“苞谷路”上、浣渠两边，白族人家院子里的绿树红花伸出墙外，使得一条条小巷犹如一道道茶花走廊，花香弥漫全城。

最令我们这些“馋嘴巴”兴奋的是遍布花廊的白族风味小吃，虽然极其普通，却给我们带来了很大的乐趣。

最普遍的一种零食是酸腌菜泡萝卜，只要你有一分钱，婆婆就会从坛子里捞出一片渍好的萝卜，然后用酸腌菜叶子包裹起来，再抹上些许辣椒酱递给你，那种酸辣微甜的感觉可以浸透心肺。几十年过去了，我的口腔里似乎还残留着这种诱人的味道。

还有一种零食叫“麻子”，秸秆形似芝麻，籽粒比绿豆略小，剥去外面那层薄脆的壳，一股沁人心脾的酥香就会散发出来。买上五分钱的“麻子”，如果吃得精心一点，全家人可以嗑上两小时，据说有通肺润肠之功。后来听说这种东西可以提炼麻醉用品，控制就严了。

酸角也很有意思，这种灌木果实外形有点像蚕豆角，不过略微扁长些，味道偏酸，需要加糖腌制。云南虽然盛产甘蔗，但那时白糖也很紧俏，凭票供应，一般舍不得用，都是用糖精替代。

夏日的早晨，我们取出罐头瓶，放入腌好的酸角，灌上凉开水，再把瓶子放进竹篮用绳子吊送到井里，绳子的另一头则系在井旁大树的枝丫上。傍晚时分，取出来酌饮，那种酸酸甜甜的味道十分爽口，比酸梅汤好多了，一口下肚，凉气就会从头顶窜到脚心。

不过，我们往往等不及，经常偷偷把篮子拉上来，抱着瓶子先喝上一半，然后再往瓶子里补充些井水。大人发现后，我们就装出一副委屈无辜的样子。

当然高档一些的食品就是“乳扇”了，这种食品类似奶酪，形状似扇，是一种凝结的牛奶皮，美味无比，也是白族妇女坐月子中的一种传统补品。吃时一般要在火上烤一下，有条件的撒上些白糖就更好了。在大理的岁月里，虽然我只吃过一次乳扇，但至今觉得口齿留香。

洱海里的螺蛳味道鲜美，由于数量多，许多人家甚至用来喂鸭子。刚到大理时，我们是不敢吃螺蛳的。那时候，南方各地正在大力宣传血吸虫防治，电影《枯木逢春》里，苦妹子那双忧郁的大眼睛，令观众对血吸虫病印象深刻。

在四川时，学校就经常组织我们这些小学生到沟渠和田埂边捡拾钉螺，砸碎后放在烈日下暴晒，说血吸虫就寄生在这里面，这种记忆让我对螺蛳充满了警惕。后来看到白族人吃得香喷喷的，我们禁不住诱惑，结果一尝而不可收，螺蛳成了家家每餐不可或缺的佳肴，反正五分钱就可以炒一盘。

桃花盛开的时候，洱海里的弓鱼“以嘴衔尾”，如同“弓”

一样跃出了水面，出没于溪流进入洱海的交汇处。这种鱼长不盈尺，四五两一条，鳞细刺少，肉质滑嫩，平日一般躲在洱海浅滩的鱼洞中，深藏不露，春天是人们钓它们上钩的最好时机。

那时候我们上学几乎流于形式，整日里就是游泳钓鱼。竹竿遍地都是，曲别针磨尖了就成了鱼钩，金贵的是鱼线。不过，五十四军几年前参加过中印边界自卫反击战，团以上干部每家分了一个缴获的印军降落伞，面料大都拆了做被里，尼龙绳则堆在了那里无用，我们就把尼龙绳拆解开来当了鱼线。

母亲那时在大理饮食服务公司当革委会主任，馆子里的大师傅教她，弓鱼佐以新鲜的蚕豆米煨炖，是最受欢迎的做法。二十多年以后，我再次来到大理时，到处询问，想要弄几条弓鱼回味一下。老乡告诉我，如今稀罕得很，他们已经十几年没有见过了。

饮食服务公司饭馆后边是一个很大的作坊，里面有一个巨大的水车，在苍山溪水的冲击下，不停地旋转。蒸熟后的稻米放入碓臼后，被水车舂成了饭泥，然后像压面条一样压切成了“饵丝”或揉成了“饵块”，这是白族人最有特色的主食。

饵丝与米线近似，只不过前者为米饭制作，后者为干米粉加工。如果用面条比喻，饵丝类似新鲜面条，米线则类似挂面。口感上饵丝有些黏糯，米线显得顺滑。

最著名的饵丝为巍山的扒肉饵丝，猪肘子炖到入口即化的程度，连汤带肉浇到烫热了的饵丝上，一碗下肚，舒服极了。不过，不到年节，是见不到猪肘子的。

饵块切片后与猪肉、蔬菜、木耳等炒食，也很有特色，有点类似宁波的水年糕，不过，白族人更喜欢将饵块用火烤软后，抹上辣椒酱边走边吃。

我们在大理的时候，正是物资极度匮乏的年代，那种条件下，吃的记忆始终令人难以忘怀。

五、民居与洋房

古城的民居一般坐西向东，这与地处山谷坝子有关。苍山位于古城西边，自南向北延展，洱海位于古城东部，亦呈南北走向。古城坐拥其间，房屋背倚苍山，面向洱海，符合古代风水学的要求。

白族人在盖房修屋上十分讲究，不论穷富，绝不马虎。大

1994年底，作者重访大理游览洱海时留影。右为原成都军区后勤部滇西仓库政委李敬祥。

1994年底，作者重访大理时在原五十四军军部礼堂、现三十一师俱乐部门前留影。

理一带有过这样的民谣，“大瓦房，空腔腔；茅草房，油香香”。前边说的是白族人，倾其所有也要建造漂亮舒适的住宅；后边说的是客籍人氏，只要吃得好，哪怕住茅草房也心甘情愿。完全是两种境界。

青砖灰瓦白墙是许多著名民居的标配，但白族民居让我惊讶的是白墙上一定绘有水墨丹青，几株小草，几只小鸟，笔墨不多，意趣横生，让人感到素雅清新。南方多雨，四川的房屋，到处都是苔藓和阴雨洇湿墙体后霉变的痕迹，而白族民居的外观却很洁净，这得益于云南的干燥气候。

另一个特点是房屋的内墙和院子里的照壁，到处镶嵌着天然大理石，上面的图案如同一幅幅美丽的国画。这种优势，大理得天独厚。那个时候，交通极其不便，开采下来的大理石难以外运，谁也没有料想到几十年后它们大都成了稀世珍品。

白族民居木材选用也比较讲究，如今珍贵的云木、红椿、楸木、云杉，当时随处可见，屋檐、房梁、廊柱到处雕刻了吉祥图案，门窗则雕琢成了格子形状，令人叹为观止。

最为典型的就是大理一中了，它本为云南提督杨玉科的府

20 世纪 60 年代末，大理一中校门。

邸，1877 年（光绪三年）落成不到两年时，提督大人就调任他职了。临行前，他捐出了这处宅子和田产办学，最初为西云书院，1902 年开始创办新学。

这座一进四院的宅子，每一进都由两层的房屋环绕，中间是一个巨大的天井，足以容纳全校近千名师生。天井西侧是一个大理石砌成的戏台，后面为一大殿，是教师们办公的地方。

北侧有一小门，通往“湛园”，这是一个精巧别致的庭院，里面花团锦簇，古树参天。清冽的溪水从苍山下来后，顺着浣渠流进了城里，穿街绕巷，在庭院之中汇聚成一湾潭水，别有情趣。潭水中心是一处亭子，一条小径通达其间，约略可坐八九人的样子，院门一关，俨然世外桃源。据说校革委会的“秘密会议”经常在这里召开。

20 世纪 30 年代中期，大理一中来了位女教师，她就是从法国留学归来的柳含眉。彼时，滇军旅长刘正富也驻节大理，他率部筑路，深孚众望，大理百姓在苍山青碧溪畔修建了一座圣麓公园以志纪念，柳老师就是在这里与刘旅长熟悉的。

他们相恋不久，抗战爆发，刘旅长升任新组建的第五十八军新十师师长，率部出滇，转战于湘鄂赣等地。话别之日，刘师长在湛园送给了柳老师一件湖蓝色的旗袍，据说为定情之物。后来，刘师长遇刺身亡，柳老师也终身未嫁，她就像苍山顶上的望夫云一样，经常凝视着东方的洱海。

“文革”初期，柳老师已年近六旬，造反派污蔑她是法国特务、国民党军官的姨太太。由于不堪凌辱，在一次批斗会上，柳老师一头撞向了戏台上的大理石廊柱……

这个哀婉凄恻的故事，我是听当时的物理老师张碧溪先生讲述的。这位一脸络腮胡子的年轻人，1965 年刚刚从云南大学

曾在五十四军任职的部分领导与家属1995年在北京万寿路留影。前排右二为原兰州军区副司令董占林、右五为原昆明军区副政委蓝亦农、右六为原国防科委副主任韦统泰，后排右三为十一军后勤部原政委王凤阁，二排左一为作者。

物理系毕业。来到大理不久，就目睹了这幕惨剧。

重访大理时，我已是一位匆匆过客，徜徉在一中的院内，想寻觅一下旧时的足迹。当我问起柳老师时，人们都不知道了。是啊！斯人已逝，谁还记得起几十年前的一位普普通通的女性呢？

后来，古城已容纳不下更多的建筑。于是，当初外出经商发财或是做了官的人，就相中了紧靠洱海的喜洲镇。他们在这里重修祖宅，民国时期又形成了一个新的白族民居建筑群，只是它们比古城的建筑高大宽敞气派。1949年以后，房屋收归了军方，因此我们那时候就把这些院落转了个遍。

在这个建筑群落里，有一座中西合璧的花园洋房，是一位法国传教士的手笔。这位传教士不远万里跑到越南，不知怎么后来又相中了滇西，也许受到洱海的点化，他在建教堂时，顺便修了一座洋房，点缀在一片白族民居之中。

洋房的院子里，有一处花池，是用大理石中的上品“采花石”砌就的。时任军政治部文化处干事的卢德邻是位画家，他告诉我们这些孩子，这种石料富含水墨画卷的意趣，自然构图中有明显的横米点笔触，意境极似米芾的“荷塘雨霁”，是大理石中不可多得的瑰宝。

我们似懂非懂，但花池中心“双猫戏绣球”的天然大理石上，那两只小猫栩栩如生，呼之欲出。而洋房内那个时代极其少见的西式抽水马桶，透出的现代文明让少年的我更是惊讶不已。我不知马桶是哪里生产的，但有一点可以肯定，上面的字母不是英文，不过“1900”的字样让人感到了年代的久远。

传教士洋房里的女佣是位美丽的白族少女，后来成了传教士的妻子，20 世纪 20 年代随夫去了法国。白族文化受汉族同化，但婚俗不似汉族刻板。传教士与白族少女有了一个女儿后，当地的白族人并没有大惊小怪，倒是在汉族人中引起了轩然大波。据说这个消息后来传到了龙云的耳中，这位彝族将军只是一笑了之。

岁月湮没了往事，只是那对可爱的小猫依旧。而当年嫁给传教士的少女，也许是白族最早漂洋过海的人了。

我怀念旧时的大理，那里有太多的故事。

旧事重温

激情燃烧的岁月

毛万青

喜欢这张照片（图 1），因为它真实地记录了我当年的工作情况和环境。照片的背面写着“1986 年 5 月，玉门油田鸭儿峡油矿，鸭 594 井”。弹指一挥间，那时距今已经三十几年了。

玉门油田开发于 1939 年，是中国第一个天然石油基地，至今已经走过了八十年的发展历程。诗人李季有诗曰：“苏联有巴库，中国有玉门。凡有石油处，就有玉门人。”玉门，是石油工业的摇篮，铁人王进喜的故乡，一面中国石油工业的光辉旗帜。“有条件要上，没有条件创造条件也要上”，“石油工人一声吼，地球也要抖三抖”，在那个年代，铁人精神不知激励了多少人。20 世纪 60 年代，父亲响应国家号召来玉门油田工作，我也出生在玉门油田，直到长大成人走向工作岗位也没有离开玉门油田。

1985 年元月我参加工作，当年十八岁，和我一起被分配到玉门油田钻井处测井站的有四十五人，我们都是石油子弟，是标准的第二代石油人。“测井”这种工作就是用电缆连接各种井下仪器监测地层含油饱和度、油层孔隙度、地层压力等，为油田开发提供第一手资料，测井被誉为油田开发的“眼睛”。

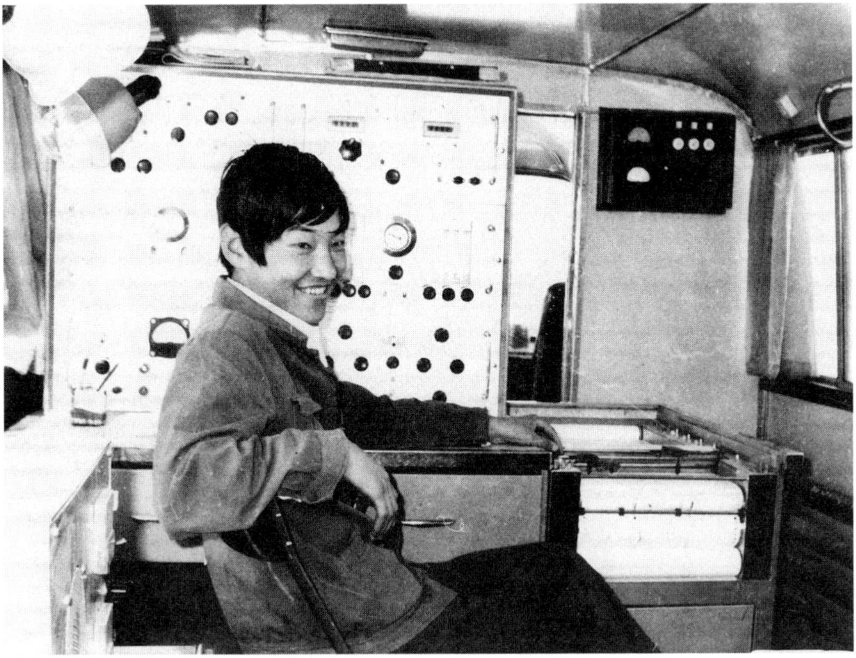

图 1 1986 年 5 月，在玉门油田鸭儿峡油矿 594 井工作时留下的瞬间。

油田测井工艺复杂，专业性极强，有勘探开发的裸眼测井、随钻监测地层气体的气测、开发油层的射孔、油田后期开发的生产测井等。

我和七名同学被分配到随钻监测地层气体的气测队干气测工，能有缘分在一个班的就我们三人：我、邓文龙和毛丽霞（见图 3）。

在我的记忆中，鸭儿峡油矿 594 这口设计井深为 4500 米的井，完钻将近用了一年时间。听师傅们说，之前在甘肃张掖打过一口钻探井，4500 米的井用了两年的时间才完井，也许是那时的钻井技术还不够先进吧！

图 1 中，我身后的仪器是当时上海仪器厂生产的 701F 色谱气测仪。701F 色谱气测仪是固定在由南京汽车厂生产的像交通车一样的嘎斯车上，上井工作时就把仪器车开到井场，直到钻井完毕，才能把仪器车开回基地。完井周期要根据地层的复杂程度和钻井工艺来决定，最少六七个月，甚至要更长的时间。车内不大的空间就是我们的工作场地。这种色谱仪器精度差，自动化程度不高。印象深刻的就是每次上井工作前，都需要在井架的顶部安装井深显示器的铜丝绳，站在四十多米高的井架顶部往下看，井架晃晃悠悠的，男的上去都要小心翼翼，更不要说是女工了（那时小队里女工普遍很多），小队里胆小的女工根本不敢上井架，都是我们几个男的来做这项工作。上班都是三班倒，保证仪器连续不断地工作。

录井时，从井底抽到地面的泥浆进入泥浆池，收集气体的脱气器就固定在泥浆池里。气体通过脱气器的管线进入仪器后，进行色谱分析，根据仪器峰值显示的高低来判断油气层位置。夏天还好，但到冬天，野外的气温常常在零下三十摄氏度左右，数九寒天，在车里上班就像在冰窟一样，寒冷异常，我们就用棉棚布把仪器车从上到下包裹起来。用这样的土法保暖，效果非常好，但连接仪器的气路管线裸露在外，经常因泥浆冻住而堵塞，只有疏通管线才能保证仪器的正常录井。我们只好不断地上泥浆池疏通气路管线，往往是从头到脚溅一身的泥浆，泥浆冻在工作服上就像一层铠甲。有时候钻井进尺快或是油气显示好，仪器立马崩溃，只好关机，再开仪器时还得重新校验，劳动强度非常大。

油田勘探工作很辛苦，常年在野外工作，几个月才能休一

图2 我在一排绿铁皮野营房前留影。

次假，好在那时候年轻，没心没肺地长期不回家也没有牵挂，下了夜班也不知道累，和同事们漫山遍野地到处跑。几年的野外工作，我结交了许多钻井工朋友，他们大多耿直豪爽。这些照片，是一位爱好摄影的钻井工朋友在工作之余拍的，尤其图1，是在我不知不觉中抓拍的瞬间，极其自然，感谢朋友给我留下了宝贵的照片。另一张照片（图2）中的我很快乐，我的运气似乎也很好，身后的野营房刚刚开始装备野外钻井队，一色的绿铁皮野营房，整整齐齐驻扎在离井场几百米的比较平整的地方。一间野营房又分为两小间，一小间住两个人，共住四人。在此之前，野外工作住的都是帆布帐篷，一顶帐篷要住五六个人，夏天热得要死，冬天冻得要命，野营房的投用，让我们告别了野外工作使用帐篷的历史，极大地改善了前线职工的生活条件。

为了中国的石油事业，石油工人长期离家别子，极其艰苦，但那时的石油人从不说苦言累。现在想想，那就是石油人艰苦朴素、以苦为乐，渗透到骨子里的一种精神，这种精神是身处大城市的人们无法体会和理解的。这种“石油精神”代代传承，激励了几代石油人，至今仍在石油行业发挥着重要作用。

这是我们气测五小队的全体人员与地质班人员唯一的集体照（图3），后排左起依次为：邓文龙、我、刘玉杰、毛丽霞；前排左起为：王慧霞和宋慧荣。

地质班的王慧霞、宋慧荣和我们一起参加工作，虽然不在一个单位，但她们俩也负责这口井的地质录井工作。能在一起工作我们都很兴奋。

在钻井队完井以后，大家辛苦了几个月，抓紧时间整理好需上交的录井原始资料，调校好仪器，便商量着利用这点难得的空闲时间一起去游玩。我们都是十几、二十几岁的年轻人，虽然在一起上班，但三班倒的工作性质决定了大家全部聚齐的机会并不多，一听说要游玩大家都很兴奋。油田一般都处在戈壁荒漠，自然环境极为恶劣，玉门油田紧邻祁连山脉，海拔两千多米，戈壁滩上寸草不生，漫山遍野只有西部戈壁特有的一丛一丛零星散落、极为耐旱的骆驼刺。嘉峪关市离我们所处的玉门油田最近，六十多公里。于是，我们一致决定去嘉峪关市。

图3 1986年5月，在嘉峪关市百货大楼前合影。

班长刘玉杰还借了一台海鸥 120 双反相机，游玩过程中，在嘉峪关市中心最热闹的百货商场门前留下了这张珍贵的合影。

再说说照片中一起工作的同事。

邓文龙，如今在西部从事钻探工作，干的还是老本行，几十年如一日，能坚持下来让人敬佩。现在偶尔也能见面。

刘玉杰，我们气测五班的班长，家不在玉门油田，一个人来油田打拼非常不容易。让人欣慰的是，他和前排地质班的宋慧荣喜结连理，并在 1997 年油田改制中，落户深圳。我和他们失去联系许多年，但最近又打听到了他们的消息，祝愿他们在他乡平安快乐。

毛丽霞，我们气测队的才女，文章写得好，人也漂亮，1989 年考上了职工电大，离开了气测队。因为和我同姓，我对她的关注就多一点。2000 年去玉门油田出差，我从朋友那里打听到了她的电话，毛丽霞如今在玉门油田研究院工作，十几年了，彼此见面都很惊喜。她变化挺大，变得很温柔，女人味十足，让我很不习惯。记得当年在一个班时，她的性格很泼辣，我们俩经常吵架，抬杠。

王慧霞，1997 年油田改制中失去联系。2013 年，我们 1985 年参加工作的人员组建了 QQ 群，我得以知道她在甘肃酒泉玉门油田基地工作，便建立起了联系。这都是后话了。

80 年代后期，开采了五十多年的玉门油田产量递减，寻找新的油气田成为日渐紧迫的事。1988 年，新疆吐哈盆地发现了油气田，我又参加了如火如荼的新疆吐哈石油会战。

新疆吐哈盆地是著名的火洲。夏天，新疆鄯善戈壁滩上的气温达到了六十摄氏度，那时没有空调，仪器车里就像蒸笼一样。车上只有一台电风扇，吹出的都是热风，我们上班时每人都准备一壶八磅的水瓶，但一会儿就喝光了，我真正理解了“汗流浃背”的含义。我们就是用701F气测仪，克服高温酷暑带来的许多不利因素，取得了新疆吐哈石油会战许多井次的原始资料。想起当年工作的往事，我至今引以为傲，因为，我参加了可以载入中国石油史册的“吐哈石油会战”。

90年代中后期，随着科学技术和钻井工艺的不断发展，三四千米的井完钻也就三至四个月，这种701F气测仪在90年代后期已经被淘汰，取而代之的已经是全自动数字化的拖橇综合录井仪。1996年，新疆吐哈油田基地建成，我和许多玉门油田调来参加新疆吐哈石油会战的职工整体搬迁至新疆哈密。

我在野外工作了六年，1992年因工作需要调到了后勤。几年的前线工作经历对我的影响是巨大的，每当工作中遇到困难时，我就想起了在前线工作时那种克服困难、勇往直前不怕吃苦的精神，它激励着我，使我面对困难没有任何的惧怕。原来和我在一个小队工作的同事，还有许多仍然奋战在油田一线，二十多年过去了，能坚持下来确实不容易，在此向他们表示由衷的敬意。

每次看到这些照片，仍然让我激动不已，仿佛又回到了那段激情燃烧的岁月，更加怀念那些年在一起工作的同事。挥不去的是记忆，留不住的是年华，回想起那艰苦奋斗的创业经历让人唏嘘不已。我作为石油工人的一员，为此而感到无比的骄傲和自豪，那种不怕苦、不怕累、团结友爱、以苦为乐的团队精神，至今仍然是我工作的动力。

新中国第一代芭蕾舞演员

徐立汉

全面抗战爆发后，就职于上海红十字会的父母，就为筹建战地医院和救治伤兵而忙碌。南京失守后，父母随军撤至汉口，1938年我在汉口出生，父母为我取名徐立汉。年底汉口沦陷，父母又退至陕西，1941年我妹在西安出生，取名徐西萍。本辑封三图为我家四口在陕西拍摄的照片，此时父亲三十四岁，母亲二十四岁。

抗战胜利后，我家迁回上海。1947年妹妹开始上小学，战乱中长大的孩子懂事早。妹妹从小就爱阅读与写作，1953年考入著名的华东师大附中，1954年又被学校推荐报考北京舞蹈学校（现为北京舞蹈学院）芭蕾舞专业。该专业学制六年，在北京、上海、天津各招二十名女生，报考条件是在校的十二岁初中生。经过文化、体能、音乐等多轮考试后，妹妹进入面试，并被录取。1954年8月，妹妹她们在舞校老师带领下坐火车进京，开始了严格的芭蕾舞培训，头三年都没回过家。1957年初次回家时，已是身高腿长、动作灵巧的大姑娘了。1960年妹妹通过毕业考试（图1），分配到北京舞蹈学校实验芭蕾舞团当演员。

中央芭蕾舞团成立于1959年，其前身就是北京舞蹈学校

图1 1960年，徐西萍在北京舞蹈学校毕业考试中表演。

实验芭蕾舞团。在苏联专家指导下，1960年开始排演经典芭蕾舞剧《天鹅湖》。1962年赴缅甸演出，图2为妹妹办理出国护照的照片。中缅山水相连，胞波情谊源远流长，中缅、中印总理共同倡导的和平共处五项原则，越来越得到世界各国的认可。因此，我国芭蕾舞团首次出访就选缅甸。1962年3月21日，妹妹给我写了一封信：

图2 1961 年，徐西萍在北京办理护照时拍摄的照片。

哥哥：

回到昆明好几天了，在国外整整生活两个月，似乎很长，但又好像很短促，能够参加祖国交给我的这样一个光荣任务，我感到很幸福。缅甸是中立国家，与我国友好，树立了和平共处五项原则的榜样，但两国政治制度不一样，友好也是有分寸的。这次我们去缅甸，演出《天鹅湖》得到欢迎和好评，为中缅友好作出了贡献。我国芭蕾舞团第一次走上国际舞台，经受了考验。我们演出成功的因素，

图 3 1962 年 2 月，徐西萍于中国驻缅甸大使馆前留影。

图4 1962年2月，徐西萍在缅甸仰光大金塔前留影。

图5 1962年2月，缅甸宣传部宇阵堆副秘书长一家四口同中国芭蕾舞团演员合影。前排左一为徐西萍。

除了中缅友好的政治基础和我团确有一定的水平外，还得到缅方的协作和帮助，总理吴努、奈温先后接见我团，举行宴会，观看演出，给予很高评价。我们出国演出，对华侨也是爱国主义教育，国际威望向上的中国在世界上站起来了，居住国外的侨胞也挺起了腰杆，不再是“可怜的孤儿”，因而他们热烈赞扬我们演出成功，一再向我们了解祖国建设的成就。我们芭蕾舞团只有两年历史，已能完整演出世界著名经典舞剧，在各国也是少见的。这首先是我国政府对这门事业的关怀，创造了发展条件，聘请苏联专家、组建了规模庞大的剧团（剧团还有自己的管弦乐团与合唱团），但中国的芭蕾舞很年青，需要不断努力、学习、探索、民族化，攀登新高峰。在缅甸，我们都爱去大使馆，从大使到每位馆员都给我们留下良好的印象，到那儿就像回到家里一样，可以自由自在，随随便便地玩，感到格外的亲切和温暖。

我们月底回京，再见！

西萍

1962年3月21日于昆明

妹妹现在定居北京，已是七十八岁高龄，但身体健康，不论行走入座，仍是腰板挺直，气质高雅。

旧事重温

童年里的乡村野草花

姚亦锋

乡村有成片的田园和野草，河塘有成片的芦苇丛，风吹雨打之中，摇曳起伏，好是苍茫优美！在大城市，我童年见到的绿化景观只有行道树和公园修剪整齐的草地，哪里有如此令人心旷心怡的风景？1970年初冬至1976年春，我在苏北度过了我的童年。那个年代与今日相比，那么有趣，恍如隔世曾梦。

一、离开南京

1969年，我还在省级机关幼儿园。记得好像是夏天，我跟随妈妈到达镇江丹阳农场，跟随省级机关干部下乡劳动。在农场见到已经劳动半年的爸爸，很久不见，他比过去黑瘦了，留着寸头——后来知道是由于经常有人揪他头发，出于自我保护而剪成这样。丹阳农场很是热闹，经常有毛泽东思想文艺宣传队前来演出节目。终于有一天，宣布了下放农村的家庭名单。我依稀记得，我们一家三人走上演出台，每人给佩戴上大红花，在革命乐曲和高呼声中，我们将要离开南京，光荣地奔赴苏北农村。离开南京之前，我和父母拍摄了这张照片（图1）。

图 1 1969 年底，父母与我合影。我们即将离开南京。

1970 年初，我们全家把行李打包，装上一辆卡车，清晨就出发了。车子跨越南京长江大桥，向苏北驶去。

天气极其寒冷，后来才知道这一年的寒冬百年未遇。我记得看见洪泽湖上有人拖车在冰面行走，后来几十年再也没有见到过这种情景。

二、淮阴县老张集公社

中途经过盱眙马坝，我记忆里车子是在傍晚到达村子的，落户地是淮阴县老张集公社洪崖生产队。当时有很多乡亲和孩子来围观，都是面无表情的，有干部来接待安排。给我们家安排的住宅，是一间小茅草屋，泥土墙，木门，左右各一个三十厘米见方的小窗户。我好奇地走进屋内，里面很昏暗，黑沉沉的，一股泥土气息迎面而来。

许多年以后我才知道，在离开南京前的最后一个晚上妈妈的痛哭。我当然不知道，当时给我们的决定是要永远离开南京这座城市，搬迁到贫穷的苏北农村去的。当夜，我第一次见到昏暗的油灯，是邻居或干部给的，一个小瓶子顶端插一根灯芯，微弱的光亮飘忽不定。他们还在整理收拾房间，我就睡着了。几天后，我们迎来70年代的第一个春节。

过了约半个月，我开始上小学一年级。苏北农村的冬天，在我的童年记忆里，辽阔寒冷，北风呼啸，吹得路边电线杆呜呜作响，枯草干树枝也在寒风中摇曳，这是在城市里怎么也见不到的景象。我走进小学校，教室是茅草房，屋里也是黑洞洞的。许多农村同学来围观我，他们比我年龄大得多。小学一年级大多数同学是十二岁，后来，二年级竟然还有一个十八岁的同学，不过他没等上三年级就回家务农，不读书了。

第一课是“毛主席万岁”，第二课是“共产党万岁”。我的人生识字课就是这样开始的。每天早晨背诵毛主席的《为人民服务》，对于小学一年级的七岁孩子，理解内容就很难了，背诵的语句也有些长，而且拗口，不过经过数月天天学习，最后还是全文背下来了。后来我还成为全班背诵“语录”的领诵人。

当时上学只需交一元学费，但有同学仍交不起，老师多次在课堂上催要。老师让欠款学生站着，回答什么时候交钱的问题，这时全班同学只好都等着，听他们对话。有的后来交了，有的拖到学期最后，免交了。

教室里没有统一的课桌椅，各人带座椅，有的高，有的矮，有方的，有圆的。开学时家长扛过来，放假家长再扛回去。有

图2 1970年4月，我们刚刚下放农村，在淮阴县城照相馆拍的全家福。

的学生只有小板凳，书本放在腿上；还有的学生站着，没有桌凳。老师问："把你家饭桌带来。"答："没有饭桌。"问："怎么吃饭的？""端在手上的。"这是真的，确实有些家庭家里没有饭桌！

春天来了，上学的路沿途布满绿草，树也开花长出嫩绿叶，美好的、生机勃勃的田园风光出现了。夏季到了，天气炎热，绿荫树下是没完没了的知了叫唤声，夜晚是满田野的青蛙叫唤声，槐树花在大雨之后很是饱满滋润，我与邻居孩子在门前泥塘里戏水。秋天了，庄稼结出果实，记忆里是收山芋的时候，我与邻居孩子们在田里爬滚，模仿当时电影《奇袭》里的志愿军侦察兵，在草地上匍匐爬行。又是冬天，寒风凛冽，春节鞭炮虽然少，但是很热闹很有趣。有很多孩子来我家玩，因为我有鞭炮，有糖，这些孩子没有。此时他们已经不再围观我了，我已经变成地地道道“乡下人”了，与他们完全一样的面貌。冬天，邻居孩子带着我，去偷生产队田野里的山芋，猫着腰匍匐进入农田，悄悄挖出几个带着泥土的山芋。在田埂上掏个洞，将山芋放进去，再在上面钻个洞作为烟囱，捡一些草和树枝，点火烧烤。扒出来，粘着土就吃了，好香啊！后来我再也没有吃过那么香的山芋了，现在估计当时烧烤得应是半生半熟的。

社员的主食是山芋稀饭，还有山芋干稀饭。由于父母依然有城市口粮，所以我经常还能吃到大米干饭，这在当时农村是令人羡慕的富裕生活了。在城市里，我都是用小碗吃饭的，而在这里孩子都是用很粗糙的大碗吃饭，有的家庭用的碗竟然还有打了几个补丁的。饥饿是常常有的，所以在有得吃的时候，孩子都能够一顿吃三大碗山芋稀饭。

读二年级时，我认识的字多了，可以读整本书了，我读了小说《高玉宝》（图5），反反复复很多遍。鲜明的故事情节直到今天，仍然记忆犹新——“可恨地主黑心肠，半夜鸡叫，剥削欺压劳苦农民”。

我是班干部、三好学生，虽然是小孩子，但经常在全校大会上被表扬，在全校大会上发言。还记得我的发言，比如，“全世界还有三分之二的人民在受苦受难”“要解放全人类”“要解救台湾同胞”，等等。其他班干部每次发言也是如此的套话。

虽然许多年已经过去，但童年生活的记忆仍然鲜活而深刻地印刻在我脑海里。这些在大自然田园中度过的日子，是生活

图 3 1971 年底，建好了砖瓦房，我们在房子周围植树时留影。这是生产队里最好的私人房屋，本地农民的房子都是茅草屋顶和土坯墙。

在城市里的孩子不可能拥有的。那个时候城市里不允许养狗，更别提宠物狗了；而在农村，邻家就有一只大黑狗，有时候汪汪叫，很凶的样子，我看见很是害怕但又很喜欢。几乎每家都养了猪、鸡、鸭，每家门前都有个草堆子。田野里有老鼠、野兔，大树上有鸟窝，有时候还有蛇、黄鼠狼，河里有青蛙，树上、地面还有各种各样的虫子，我经常会被叮咬。刚开始，我看到虫子会害怕，后来都敢抓敢捏了。我曾亲眼见识"狗逮耗子"的场面。初夏麦收之后的田里，有小孩牵着家狗，找到老鼠洞穴口，狗在洞口低吼威胁，吓得老鼠出逃至地面，一番追逐后，

图4　一家四口在家门前合影。此时大人小孩都已经完全是农村人气质。

小孩和狗终于逮住了老鼠。

有一次，我傍晚到邻居家串门，大娘给我讲故事：“狐狸精变成大小姐……”一边讲一边还说：“现在这个不许讲了，看你喜欢听故事就讲这一次。”故事非常生动且有乡村特色，至今回忆起来仍感精彩，这就是数千年蕴藏在中国民间的文化遗产。村民们不识字，但是口口相传，代代相传，《三国演义》《西游记》《聊斋》等都是民间传承的故事，而后由人著书写成。很遗憾，现在乡村中青年一代虽然文化水平已得到普遍提高，却再也讲不出如此津津有味的民间故事了。

图5 小说《高玉宝》是我最早阅读的图书，从头至尾反复阅读多遍，挺感动的，当时也没有其他文学书可以阅读。

我也曾经遇见村妇哭坟，头裹白布趴在一个土坟头前面，如泣如歌，整段的哭丧词反复哭唱，在辽阔的乡村田野中传得很远。回到城市后，再也没有见过如此情景。我也亲眼见过茅草房失火，在寒冷的冬天，北风呼啸，冲天烈焰有几十米高，惊心动魄，最后烧毁十几间住房，起因是孩子玩火。事后那个孩子的父亲对邻居说：“这个孩子是神仙下凡，非同一般，竟能造成这么大事情。”

父母被剥夺了干部职位，离开大城市到农村生活，而且要像农民一样劳动，他们心里自然会有巨大的落差，但是孩子的童年是自然美妙的。后来知道，在农村，政治氛围比城市轻松多了。由于广阔的田野，由于普遍文化程度低，由于没有天天政治学习读报纸，所以没有城市机关单位的严厉管制，没有天天指着说你们是历史上政治上的“有问题的人”，周围更多的人认为我们家是城市来的干部。

我很快就融入了农村生活，我的相貌气质和口音已完全是个乡下孩子的样子了。当有干部或者陌生人来到时，我也去愣愣地围观，就像当年我们全家到来时，村里孩子做的一样。遵照毛主席教导：“到农村去，接受贫下中农的再教育……”我完全做到了。

1973 年初，我读完小学三年级，父亲被调到县城化肥厂当厂长，母亲被调到县城中学做教师。我们一家离开张集公社时，班主任高老师对我依依不舍，高老师说很喜欢我听课的神态，这是其他孩子没有的，并送给我笔记本以作纪念——“你是祖国的花朵，未来的国家栋梁之材……师生之情，惜别留恋”。至今，看到这行字，心头的思念依然涟漪阵阵。90 年代末，我去寻找过这位深情的老师，可惜多年前他已因车祸离世了。

三、王营中学大院

调进淮阴县城，生活改变了。有同学笑话我的乡村口音，但是很快我就改成县城口音了。小学四年级我在培红小学（现在县实验小学）就读，五年级时我就读于卫红小学，初一我在淮阴县王营中学就读。

这段时间，我在学校里依然是被表扬的模范，县城里办儿童画展，我竟然有十多幅画作入选。后来“小画家”的名声越来越大。每学期小学都有文艺演出，几乎都要我参加，比如“毛泽东思想宣传队”“批林批孔小分队”等，挺热闹的。

那时候邻里关系非常融洽友好，隔壁讲话都能听见，不像现在还要保持个人的“隐私空间”。县城是没有儿童兴趣学习班的，但是我家住在中学大院，周围邻居都是中学老师，教各学科的都有。在小学五年级结束后的暑假，东隔壁邻居王大哥每天带我去河里游泳，我很快学会了，而且能够一天几次横渡盐河；西隔壁邻居是教美术的陈老师，教得很认真，我学得也很认真，一个暑假我的素描水平大为提高，运笔已很熟练。此外，我的象棋水平也大大提高。

当年的科教电影《台风》《对虾》《沼气》《农村安全用电》《马王堆解剖》等我都看了，还有《西哈努克访问青岛》《西哈努克访问南京》《西哈努克访问新疆》等，当然看得最多的是革命样板戏，里面的唱段我大多会唱。我记忆里没有对样板戏怀有反感厌倦情绪，每次都是很有兴趣地看这些电影，其中《红灯记》看了有十遍以上。我记得看过一个动画片《东海小哨兵》，台湾特务身着解放军服装，问公社女孩：“小朋友，你们家那么多羊呀？”结果这就露馅了，他不知道我们正在奔向共产主义，这都是公社的羊，私人家里不可能有羊群的。还有朝鲜电影《战友》和越南电影《铜墙铁壁的永宁》等，都是讲与美国打仗的，炮火连天打得很是激烈惊心。当时，我与伙伴们没有认为，也不会相信这些电影是编的，是拍摄而成的，而不是真实的。

再后来，看了阿尔巴尼亚电影《宁死不屈》《第八个是铜像》，银幕上见到德军端着卡宾枪一字队形排开，很是威武严酷，又冷峻潇洒。这是我首次，也是当时唯一一次在银幕上见到德国军队的形象。那时，我们只知道仅有阿尔巴尼亚在与德国法西斯打仗而完全不知道有第二次世界大战，以及其他国家与德国法西斯的战争。多少年以后，我获得德国奖学金，作为访问学者在德国与外国朋友们谈起这些，他们很惊讶。

那时我极其喜欢读小说，聚精会神阅读着，心境紧跟着故事情节，有时候会长久地沉浸在故事情节里。我看过的小说有，讲赤脚医生故事的《红雨》，讲东北知识青年故事的《征途》，讲沿海反特故事的《海岛女民兵》（图7），讲山村阶级斗争故事的《三探红鱼洞》，等等。后来，小学五年级时还能经常看到内部“老文学”书，读到苏联的《钢铁是怎样炼成的》，小

图6 1975年底，外婆、母亲、妹妹、两个舅舅和我在县城王营中学大院内合影。此院当年绿化环境很好。

说里竟然写有保尔在黑夜里闻到冬妮亚的气息，感到她的皮肤细腻，感到青春美好，等等。我曾反复阅读这段文字，家里来人，我会慌乱地把书塞入被子里，怕被别人看见我竟然读这些。

图 7 《海岛女民兵》是我当时看过的小说之一。

有一次，我搞到一本残破不全、页面发黄的书，很吸引人，其中有爱情故事，也有残酷的战争场景，这本书与以往读到的革命故事不一样，可惜书后面被撕掉了，不知道故事的结果。很多年以后我才知道这本书是《苦菜花》，当在书店可以购买，图书馆能借阅到此书时，我再翻阅，完全没有了当年的神秘、有趣。

夏天的夜晚，大家在大院里乘凉，我们听大人们讲故事。夜深的时候，有年纪大的就会悄悄地讲一些“文革”前观看的电影情节，特别是恐怖故事、外国水手的奇特探险。印象最深刻的是福尔摩斯探案故事系列之《巴斯克维尔的猎犬》，沼泽地隐藏着小牛般体形的猎犬，两眼泛着光，低吼着随时准备撕裂目标。那么使人深刻地感到心惊肉跳，胆战心惊。在这样的夜晚，我常常仰望天空，体味宇宙浩渺，群星璀璨，银河、北斗、牛郎织女，让人产生无限遐想。以后回到城市里，整夜灯火通明，再也见不到如此的星空，也没有如此安宁的心境，到现在更是霓虹灯到处闪耀，更是看不见真正的夜空了。

图 8　1976 年全家回到南京，7 月在白鹭洲公园合影。

四、农村人返回城里

1976 年 4 月，我们回到南京城，一切又都改变了。当时天安门事件刚刚结束，城市里明显充斥着紧张的政治气氛。这是农村里从来没有过的。

南京有同学笑话我的苏北农村口音，不过很快，半年后，我的口音又变回南京城市口音。当年，曾经的城里人变成了乡巴佬，现在，农村人又变回城里人了。

许多年后我才知道，父母是因为“政治问题”而被下放苏北农村的。父亲曾是江苏省化工设计院院长，是“走资派”。他是1947年在中央大学读书期间加入中国共产党的，当时还是学运领导人，是名副其实的老干部、老革命；母亲北京大学历史系毕业，因其叔叔在台湾，是个国民党政府的大官，故有“敌特”嫌疑。

“文化大革命”期间，老干部经历了地位沉浮的落差，知识青年经历了城乡的落差，他们后来都有文学作品记录其苦难心境。但是我的年龄比他们小，作为政治风暴的旁观者，则是另外一番经历，现在的回忆更多是兴趣盎然，回味无穷。

1976年9月发生了惊天动地的国家大事：毛主席去世了！9月18日，十多岁的孩子排着队，戴着学校发的黑纱，走了很长很长的路，在市中心路上集合站立，人聚集得越来越多，等待了很久，追悼会才开始。整个下午人都在烈日暴晒下，我们聆听广播喇叭传来的北京会场的声音，鞠躬、鞠躬再鞠躬。当时，我们当然不会知道，中国的一个时代结束了，一个新的时代即将开启。

名人一瞬

与摄影家吴印咸的一次接触

邹存荣

1984年初，我因病住进了北京小汤山疗养院。听同室病友说，院里住着一位专为毛主席照相的老头。经打听才知道是摄影家吴印咸。我喜爱摄影，所以对于吴老的事迹比较熟悉，很是仰慕。电影《风云儿女》《马路天使》使我知道了他的大名，后来中共在延安的影像资料也大多由他拍摄。伊文思赠给延安的摄影器材由他经手接收的故事，也是众所周知的。我窃喜能有此机会接近他，以表达对他的仰慕之情并一睹他的风采。由于在理疗室常常遇到，我便有意识地与他搭讪。原以为名人一定架子很大，难以接近，孰料这位老人却平易近人，时间长了，我们也就熟悉起来了。

年前，老伴儿从家乡黑龙江来京看我时，曾登八达岭长城，拍了张照片（图1），我想何不趁此机会求吴老签个名以作纪念。一天，我怀着忐忑的心情向他提了出来。令我欣喜的是，他不加思索地答应了并告知了他的住处：疗养院最西边几座二层小楼中的一座（那是高干疗养区）。两天后我去送照片，他开门客气地请我坐。但见桌子上摆着一台放大机，几个冲洗照片的磁盘和许多装底片的小纸口袋。显然，他在疗养中也不时

图 1

在工作。其时吴老该有八十多岁了，此情此景不禁令人起敬。坐定后他问我爱好摄影有多长时间了，以及用什么相机等等，我一一作答。起初，我还有些紧张，但吴老的和颜悦色使我的情绪很快放松下来。为了不过多打扰吴老休息，我很快就告辞了。大约有半个月，我在理疗室未见到吴老，我心里很是着急和纳闷。

有一天，我的住室有人敲门，开门见是一位六十岁左右模样的人。他自我介绍说是吴印咸的儿子，说这些天他父亲因有事回城里了，照片签名晚了些，叫我久等了。从交谈中得知他是徐州司法局的干部，离休后来京探视父亲，这几天在疗养院

郭存荣同志：
我已十一月中来到小汤山疗养。你信[illegible]询。一切甚好。
昨要我在照片上签名，我签了一些。特寄上。
吴印咸
元月十一日
于小汤山疗养院139号

图 2

照顾父亲的起居。

不久我要出院了，向吴老提出合照一张相，他叫儿子在二楼楼梯上为我俩在院中汤池边拍了这张照片（图 2），之后和吴老在院内的小道散步时，吴老用我的相机又为我拍了几张照片。其时吴老的《摄影构图 120 例》一书恰好出版，我进城在王府井新华书店购得，吴老也为我签了名。我回家后，把吴老

图 3

为我拍的照片洗好连同底片寄去，请他签名和评点并询问他近来的生活状况。他回信说，去青岛疗养一段时间后，又回到小汤山疗养院，仍住原来的房间，还说我印放的照片调子有些硬，待过些时候给我重新印放。没过多长时间，吴老就把印放并签名的照片寄来了（图 3），并告诉我：“显影液用的 D-76，相纸是厦门 2 号。”为了不打扰他，此后我就再也没有与他联系。

时光匆匆地过去了三十多年。吴老寿高九十多岁也作古多年了，照片中的我老伴儿也离我而去多年了，而今我也进入了耄耋之年。每一次翻看这几张照片时，我都不禁感慨万端！

作为一个普通摄影爱好者，能有机会得到摄影大家的接见，而且他还为我拍照，并与我通信，真是此生有幸的事！每念及此，当年的情景仿佛如昨。

征 稿

《老照片》是一种陆续出版的丛书，每年出版六辑。专门刊发有意思的老照片和相关的文章，观照百多年来人类的生存与发展。

对稿件的要求：所提供的照片须是20年以前拍摄的（扫描、翻拍件也可），且有一定的清晰度，一幅或若干幅照片介绍某个事件、某个人物、某种风物或某种时尚。文章围绕照片撰写，体裁不拘，传记、散文、随笔、考据、说明均可。

编辑部对投寄来的照片，无论刊用与否，都精心保管并严格实行退稿，文字稿恕不退还，请自留底稿。稿件一经刊用，即致稿酬。

来稿请寄：山东省济南市英雄山路189号B座　山东画报出版社《老照片》编辑部

邮　编：250002

E-mail：laozhaopian1996@163.com

网　址：www.lzp1996.com

电　话：（0531）82098460（编辑部）（0531）82098460（邮购部）
（0531）82098479（市场部）（0531）82098455（市场部）

邮购办法：请汇书款至上述地址，并标明收款人“山东画报出版社有限责任公司”和注明所购书目。

邮发代号：24-177

《老照片》网站与微信公众号

官方网址：www.lzp1996.com
微信公众号：山东画报出版社老照片

马海德与艾黎在南滨农场

王超和

那是1983年3月，马海德、艾黎偕同时任全国人大常务委员会副委员长的黄华到三亚鹿回头休养。28日那天，我听到黄老、马老和艾黎一行要到南滨油棕园参观，兴奋之余，毫不迟疑地背上135照相机赶往胜利队的薄壳油棕园。

马海德是第一个加入中国国籍的美国人。他1936年赴延安参加中国革命，新中国成立后担任卫生部顾问，是著名的麻风病专家。路易·艾黎是新西兰人，1927年来到中国，此后为中国人民的解放和建设事业奋斗了整整六十年，我读过他的文学作品，收藏有他的诗集《艾黎诗选》。黄华早年是燕京大学的高材生，1936年参加中国共产党，开始是陕北苏区红军总部翻译，与马海德共事多年。他当过朱德和叶剑英的秘书，解放后是著名的外交家，1971年为首任中国驻联合国及安理会代表。三十六年前，我在海南三亚市南滨农场有幸见到这三位老人，心中一直都感到荣幸和快意。

南滨农场是在海南最南端的国营农场，1952年建场开始就大面积种植了有战略意义油棕树，但是它的果实榨油率并不高。1975年左右，从非洲引进了薄壳油棕树，结的果实壳薄、皮肉厚、含油率高。在南滨农场大面积播种后，薄壳油棕声名鹊起，引人瞩目。这也成了海南南部的一道风景线，吸引了不少文人墨客。自然也引起了马老、艾老和黄老的关注。

上午10时，胜利队油棕园里春风习习，叠翠的棕树婆娑摇影。黄老、马老、艾老一边仔细听着农场副书记黄玉清的介绍，一边拍照记录油棕树的倩影风姿。艾老头戴一顶大草帽，穿深蓝色的西装短裤，白色外衣的三个外缝大袋大得惊人，衣袋里还插着一个眼镜夹子，看上去像个十足的“老北京”。他已经八十有七，仍然自如地在油棕园里走来走去，不时地拿起相机拍照，好似个年轻活泼的记者。

全国人大常委会副委员长黄华、卫生部顾问马海德和著名作家艾黎视察南滨油棕园。

艾黎在南滨

马海德在南滨

马老中等身材，穿一套深色衣服，脚踏我国北方人穿的布鞋，外衣敞开着，脖子上挂着两副眼镜，别有风趣。若不看其脸，恐怕不会知道他还是一位美国血统的中国人！那时马老已年过古稀，但他的眼睛闪着神气，脸上洋溢着微笑。而对新植的油棕，不时抚摸光亮的红棕色油棕果穗，还动手摘撷带刺的果穗，毫无疲倦之意。过一个小坎沟时，随行人员要扶他，可马老摆手谢绝，一个健步跨了过去，看得出来他的身体结实如年轻人。黄老当天穿了一件浅灰白色外套，显得十分精神，他很有兴致地在油棕树上摘了一颗油棕果粒，给马老和艾老观赏。

出了油棕园，回农场招待所，三老登楼眺望，周围的椰树、油棕和鱼塘的杨柳，以及不远处的工厂、人工湖相映成趣，南国风光，令人陶醉。他们感叹提笔，为南滨农场留下了美好的祝福。黄华题词为“祝南滨农场全体同志为祖国社会主义建设继续努力做出新的贡献”。马老题词用英文，大意是：祝南滨农场干部职工经过二十多年努力种植薄壳油棕成功！希望产量到 2000 年翻番。署名用了中文。艾老用英文写下了一首诗，虽然我看不懂，但我想那必是赞美南滨的篇章。

分别时，三老似乎都认出了我。在车子里，黄华副委员长伸出手来与我握手，马老还留下他的名片，并用熟练的普通话与我话别。事后两个月，马老给我回了信：“寄来的照片和信已收到，有关照片已送黄华和艾黎同志，谢谢你！”

如今，三十六年过去了，而三位老者的形象，永远留在了我的心中。

和孔繁森在一起的日子

郭吉忠 口述　郭子汉 整理

我和孔繁森初识是在 1968 年 5 月，当时我从部队转业到聊城技校政工组没几天，就和穿一身旧黄军装的孔繁森碰了面。一叙才知道，我们同是 1961 年 7 月参军，同在济南军区后勤部门服役（我在龙洞仓库，他在军区九〇医院），又同时转到技校工作。未曾见面的战友现在成了朝夕相处的同事，由此而来的那种欣喜就可想而知了。繁森给人的第一印象就是热情、实在、活泼，故初次谈话非常投缘，他非要搬到我那单人宿舍同住，而我也乐意接受这个比我小一岁的好兄弟。

自此，我们成了知心朋友，两个单身汉住在一起，吃则合伙买饭菜票，玩则同出同进，形影不离。

男大当婚，女大当嫁。记得 1968 年 7 月 1 日，我陪繁森把王庆芝娶进家。那天上午，按照当地风俗，我作为新郎的陪人和繁森各骑一辆自行车到王庆芝的家。看热闹的人挤满了院子和屋子。我们二人被安排礼节性地吃糕点、喝酒。繁森天生乐观、幽默，偏在这个场合出“怪点子”寻我开心——他死拉硬拖，非要把我拉到正位上坐。当时蒙蔽了不知情的看客，他们都以为我是新郎。热闹一番后，我们带着羞羞答答的王庆芝

图1 1968年12月在聊城合影。前左孔繁森，前右郭吉忠，前中薛进军，后右李德成，后左杜宝森。

回到了五里墩（五里墩是繁森老家）。与繁森二十六年共同生活的经历证明：王庆芝是一位了不起的女性。她深明大义，甘于牺牲自我，含辛茹苦地为繁森承担起孝老养小的重担。像她这样的贤妻良母在哪里哪个时代都是数得着的。有人说，假如王庆芝在家闹得三天两头“后院起火”，那繁森很难做到三次赴藏而义无反顾，更不会以西藏为家而长熬十年的大好光阴。

孔繁森同志心地善良，感情丰富，待人真诚，同时还是一个天生的“社会活动家”，所以在聊城技校工作期间就留下了极好的口碑。那时我爱好篮球、乒乓球，衣服也脏得格外快，繁森常常逼着我脱下来帮我洗好。后来我家属带孩子来聊城小住时，孩子的衣服、尿布他也帮忙洗。教工和学生们习惯于将

图2 1983年在济南趵突泉公园合影。右孔繁森，中郭军，左郭吉忠。

泡满衣服的脸盆放在技校土井旁排成溜，繁森不顾自己的工资微薄，买来肥皂、洗衣粉，常常哼着小曲乐呵呵地替大家洗衣服。有些家庭比较贫困的学生，也时常得到他的资助。那时正值“文革”时期，两派严重对立，技校休学、停工，几近瘫痪。可两派群众都愿和他交朋友，倾吐肺腑之言。他也乐意为大家办事，为恢复教学和生产忙忙碌碌，他得到了对立的两派群众的共同拥护，才二十几岁的年纪，就被推荐为技校革委会副主任。那时，看到他热情似火，整日奔波不休的样子，我就给他半开玩笑:“繁森，你是吃的老百姓饭，操总理的心，忧国忧民呢！”

1972年推荐上大学，我初步的志向是山东师范学院政治系，可是不久，我这个名额就被人顶替了。正直的繁森听说后很着急，凭着他在聊城人缘好，反反复复找有关单位反映我的委屈，最终要回一个名额，推荐我上了山东省水利学校机电专业。在一起时，我们无话不说，等我到泰安上学，我们就写信，他在

图3 1987年10月，孔繁森第二次援藏回来在齐河合影。后右孔繁森，后左郭吉忠；前右郭静，前中陈寿珍，前左郭锋。

信中鼓励我：你是带国家工资上学，多好的机会，要专心学习，钻研技术，将来好用……

1974 年 5 月，我调回到齐河县公安局工作，繁森调到聊城地委，工作几经变动，职务一再升迁。然而我们的手足之情却更加醇厚，始终保持着密切联系。我的家尚在齐河刘桥小李庄时，只要繁森有机会就抽空来探望，有时繁森的爱人王庆芝也过来小住几天。一来二去，老家的人都和繁森混熟了，村干部为群众办事遇到难处，往往不通过我就直接到聊城去麻烦繁森。为此，村里人都夸繁森好，说他没官架子，热心肠。同时，也夸我交了个好朋友。

1988 年 10 月，繁森受命二次援藏，成为全省三十多位援藏干部的领队。临行前，他来我家告别，并一起合影留念。随后，我和战友、同事们在济南送他上火车，依依不舍，但终要离别，因为繁森以国家和人民的利益为重，主动服从组织需要，他已把西藏当成了第二故乡。踏上火车后，繁森几乎控制不住自己的感情，眼圈红红的，为了不失态，他只好就座后把脸转向一边，遮遮掩掩地与我们挥手告别。

繁森有一颗菩萨心肠，作为拉萨市副市长，尽管政务缠身，但这并不影响他总为别人牵肠挂肚。他每次从西藏回来，都忘不了给我带治疗糖尿病的藏药。1989 年秋，他从拉萨给我来信，让我给他寄点黑豆，用来为当地群众治病做偏方，我随即照办了。

繁森对人慷慨，对自己却十分吝啬，凡熟悉繁森的人都知道他对人大方。我们在聊城技校时，无论是同事、朋友家里有人生病，繁森都买上礼品去看望。遇到有的同事家庭困难，繁森就把自己的工资领出来接济人家。由于繁森人缘好，朋友也

图4 1990年在济南合影。中孔繁森，左郭吉忠，右李德成。

多，那时工资又少，他的工资往往未到月头就没有了，有时还从老家要钱打补。在西藏期间，繁森听说有几个齐河籍的老乡在那里当兵，便经常骑自行车到部队看望他们。过年过节时不是叫他们来家里吃水饺改善生活，就是送钱给他们，说："在西藏当兵生活艰苦，给你们点钱改善一下生活。"繁森自己和家庭却过着十分俭朴的生活，他上有年迈的老人，下有三个孩子，家又在农村，生活条件十分艰苦。我们在聊城期间，繁森一身旧军装洗得发白了还一直穿在身上，舍不得脱下。他吃饭从不讲究，有什么就吃什么。他十几次到我家，都在家里吃家常便饭。繁森不擅喝酒，有时很长时间来一次，我要领他到饭庄吃饭，他坚决不同意，就连 1994 年 8 月最后一次来我家，这位阿里地委书记吃的仍是我家属给他擀的一碗面条。同样，我住在他家里时，原来的几个战友、同事听说后找到我和繁森，邀他到饭店里聚一下，繁森也不依，就让妻子在家里炒几个菜。繁森在聊城当林业局局长期间，单位车子在齐河出了事故，繁森叫人找我处理快一点儿。事后我去聊城，林业局的同志为了感谢我，邀我去吃饭，繁森知道后，自己从家里带了两瓶酒、几个菜，陪我在司机小王家吃了一顿饭。繁森从一名普通干部，到后来官至地委宣传部副部长、县委副书记、地区林业局局长、行署副专员、拉萨市副市长，直到阿里地委书记，他家里的家具摆设都始终是老样子，我们同事聚会时说："繁森恐怕是全国最穷的一个地委书记了。"

1994 年 8 月，繁森离家赴藏的前三天，他带儿子孔杰前来看望我。或许出于冥冥之中的一种神秘的预感，我俩谈了很多也很深。繁森以前告诉过我，说他在西藏吃的苦我是想象不到的。我看着他已显衰老的面孔，忽从心底升起些悲凉，就关切地劝他说："你三次援藏，十年多了，趁老人家还健在，该回来让她享受天伦之乐了。"对这个话题，繁森含泪笑而不言。

三天之后，繁森义无反顾地乘飞机飞往西藏。殊不知，这次见面，竟成了我俩的永别。

1994 年 12 月 8 日下午，我正在局里上班，这时，总机室值班员招呼我，说聊城打来长途电话。我一路小跑进了总机室，接起电话一搭话，却不是繁森。电话那头是聊城地委梁启峰同志，他的声音颤抖不停："孔繁森同志 11 月 29 日在赴新疆塔城市考察工作时遇车祸，不幸以身殉职……"听到这个不幸的消息，犹如五雷轰顶，我放声大哭起来，当时不知情的同志以为我发生了什么意外，纷纷赶来安慰我。

时隔几天，12 月 12 日我收到了聊城地委行署联合发来的通知：聊城行署副专员、中共阿里地委书记孔繁森同志的骨灰安放仪式，定于 1994 年 12 月 14 日下午 3 时在聊城革命烈士陵园举行。作为繁森同志的生前好友，我带家人如期参加了骨灰安放仪式。"雨雪交加云低垂，繁森忠骨从藏归。三十余载知心友，舍下老兄把泪挥。"这是我流着眼泪在花圈挽联上写下的自撰诗句，它寄托着我不尽的哀思。

二十多年来，我十分留意各报刊及其他媒体对繁森的宣传报道。我还尽我所能，把报刊上有关繁森的文字搜集、保存起来。每每静心细读起这些文字，常使我泪流满面，陷入对往事的回忆，而心灵也在一次次回忆中得到净化。

繁森同志永远离我们远去了，只留下不朽的精神，我将永远怀念他。

远去的礼拜堂钟声

张鹏程　张鹏搏

之江大学最早的前身为“崇信义塾”，创办于1845年，由宁波迁往杭州后，改名为“育英义塾”。随着基督教的传播和发展，师生大量增加，1897年正式将“育英义塾”提升为“育英书院”（为浙江省最早的一所现代教育书院）。其时，书院师生人数已近百名。学校倡导新教育，引入西学，提倡科学教育，教授的课程设英语，化学（分析化学、有机及无机化学），代数，数学（解析几何、微积分），天文学，生物，物理（数学物理学），文学（现代文学及古典文学、外国文学），政治经济学，圣经，体育，音乐等。杭州市内大塔儿巷的原校区已不能适应日益发展的需要，学校发展又被周围民居所限，无拓展的余地，校方深感必须另辟新的校址。

1906年美国长老会华中差会成立董事会后，决定重新购地建校。经过选址委员会在杭州周边多日踏勘和选择，最终选定杭州南面钱塘江畔秦望山麓荒丘山地的头龙头、二龙头、三龙头为新校址。经清政府同意，以5墨元（1墨元相当50美分，也相当于1000文铜钱）一亩的低廉价格，购得400余亩荒芜、荆棘纵横的丘陵山地。

新校址选定后，从 1907 年开始筹措建造新校区校舍及基础工程的资金，1908 年南北长老会正式合作成立工作委员会共同承担筹资建校的责任。由于在美国积极工作和募捐，获得不少的捐款及物资。1910 年建成了慎思堂（Severance Hall，也称总课堂）、甘卜堂（Gamble Hall，也称东斋）、惠德堂（Wheelerand and Dusenbury Hall，也称西斋）、帕斯顿楼（下红房子）、北太平洋楼（上红房子）、康沃斯楼（灰房子）、罗彻斯特楼、南长老会楼、运动场等校舍场地。从这些楼舍命名上可以看出，楼舍都是个人或家庭出资捐赠建造的。

1911 年初，学校正式迁入新校址后，取名为具有高等教育程度的“之江学堂”。1914 年，长老会差会和董事会根据教授

杭州中华学生义勇布道团为之江大学前身育英书院青年学生组织的基督教布道团，此为团员在慎思堂前留影。摄于 1911 年。

从六和塔俯瞰之江大学。甘博约摄于1918年。

之江大学的主楼慎思堂。甘博约摄于1918年。

的课程及教育阶段，一致通过决议将育英书院（之江学堂）改名为之江大学。之江大学是美国基督教南北长老会差会创办的高等学校。它尽管是一所以教授科学文化为主的大学，但是学校把传播基督教道义、培养基督教神职人员作为重要的目标之一。自建校以来，学校中维持着宗教生活，进行布道颂扬基督教福音，向师生布道是学校教育的重要一环，圣经为必修课。

新校区建成后，需要一个场所来传播福音和供新教徒接受洗礼，同时节日活动、团契活动等也都有这种需要。因此建立一座教堂，已势在必行。不久，美国新泽西州东奥兰治的都克（Nathaniel Tooker）一家人捐资，为之江大学建造一座礼拜

两座大楼中间的都克堂正在建设阶段，其后面为沿秦望山脊建造的传教士楼舍。由左向右依次为罗彻斯特楼（抗战中被日寇焚毁）、南长老会楼（抗战中被日寇焚毁）、帕斯顿楼（下红房子）、北太平洋楼（上红房子）、康沃斯楼（灰房子）。甘博约摄于1918年。

甘卜堂。甘博约摄于1918年。

堂——都克堂。都克堂于1917年6月20日进行奠基仪式。仪式十分隆重，前往参加的有美国驻上海总领事孔宁海姆（E. C. Cunningham）及长老会长老、牧师、各地基督教教会的代表及全校师生及校友等共三百余人，由P. K. Tsang牧师安放基石。1919年1月11日教堂竣工，历时一年半。

都克堂分为两个部分：主堂和钟楼。钟楼里悬挂的大钟，抗战中被日寇作为战略物资劫走。都克堂地处学校中心的西面，周围是郁郁葱葱的树林，环境清幽。其外墙由石块砌成，显得格外庄重和肃穆。多年以来，在都克堂外墙上爬满了一种叫“爬山虎”的植物，它浓密的藤叶似乎给都克堂穿上了一层厚厚的绿色大衣，显得古老而庄重。通过石阶梯进入都克堂前厅，厅的两边有楼梯通向二楼，二楼呈阶梯状。堂内按剧场式布置，上下两层，堂前为一戏台，戏台的左边是钢琴室，右边是管琴室。

礼拜堂内顶部挂有式样新颖的白色吊灯，所有窗户都镶嵌着五颜六色的彩色玻璃。堂内整齐摆放着一排排橡木做成的靠背长椅，这些木料都是从美国运来的。整个都克堂能容纳600—800人，自建立后便成为师生活动和聚会的重要场所，特别是圣诞节、复活节、受难日都有隆重庆典和纪念活动举行。都克堂由美国和中国牧师传布福音，星期天由专职牧师来布道讲授圣经。新中国成立后，担任浙江神学院院长的蔡文浩牧师也曾来都克堂布道。由于学校是基督教长老会创办的，所以要求学生接受基督教教义教育，星期天必须在都克堂做礼拜和参加基督教的节庆祈拜活动。30年代曾发生不信教的学生撕毁传教资料的“罢

都克堂1917年6月20日举行奠基仪式，1919年1月11日竣工。图中门窗尚未安装，木板建材堆放在都克堂四周，还可见都克堂右侧用稻草搭建的工棚。建成的都克堂是一座哥特式石结构的礼拜堂。摄于1918年7月。

新建不久的都克堂全貌。地面平整不久，堂前的青石板鹅卵石道路已铺就。都克堂后面是女教师和女生的宿舍“佩韦斋”（1926年Wilson捐资建造），此时尚未修建。摄于1920年。

教”事件，是当时教会大学中极为轰动的一件大事。这促使学校从此不再要求不信教的学生参加基督教活动，允许学生有自由选择的权利。

1927年2月，国民革命军突破军阀孙传芳部署的钱塘江防线，攻占杭州。之大师生满怀对北伐军的支持，自愿组织临时红十字会队，臂戴红十字标志的袖套，积极救护北伐军受伤官兵，并很快将都克堂腾出作为临时救治看护所，在外挂上红十字标志的旗帜，及时将伤员送到教堂中进行医治。师生清理血污纱布绑带，为伤员脱下染满血迹的军衣，给他们洗脸擦身，换衣换裤，洗涤脏衣裤，清洗大小便，不怕脏不怕累。还在教堂中设茶水桶和食物，端茶送饭十分踊跃和体贴。师生的革命热情，使北伐军的官兵非常感动。

自 1917 年建成后，隆重的毕业生学位授予仪式都在都克堂举行，直到 1950 年 6 月 25 日在此举行了最后一届简单的学位授予仪式。平时，学校师生的聚会、演讲、演出等也在都克堂里进行。都克堂在教会中有很高的声誉，因为它是杭州最早的教堂之一。1930 年和 1931 年，已皈依基督教的蒋介石夫妇两次来之大，都拜访过都克堂。孔祥熙、周象贤、竺可桢、司徒雷登等也数次到过都克堂。

1937 年抗战全面爆发，12 月日寇侵占杭州，由于之大是

建成后的都克堂的内部布置。堂顶部悬挂新颖的白色大吊灯，橡木做的靠背长椅，每排被分隔开来，台上设有大型铜质管风琴、钢琴、管乐器等，是典型的礼拜堂摆设，堂内庄重肃穆。摄于 1919 年。

都克堂前两条呈V字形的路。右边的道路通向美国传教士住的上下红房子、灰房子、南长老会楼、罗彻斯特楼以及图书馆，左边通往都克堂后面的“佩韦斋”女生宿舍。都克堂见证了浙江省最早的男女合校。摄于1928年前后。

美国基督教教会财产，挂有美国国旗和美国标志，得到美国传教士明思德、华葆仁、马尔齐等驻校保护。日寇虽然对之大垂涎三尺，对之大派有骑兵和宪兵，但不敢明目张胆地抢掠。太平洋战争爆发后，之大不幸完全沦落敌手，日寇对之大进行大肆抢劫，将护校的美国传教士逮捕关押后，递解押送回国。都克堂因此而遭殃，成了反抗志士的关押所，周围设置铁丝网。教堂橡木大门被拆除用作军事用途，堂内的壁灯、吊灯、蜡烛台、镀金铜盆、银碟、铜质管琴乐器、钟楼大钟以及铜锁铜插销、电线铜丝全部被卸下掠走，一排排整齐的橡木靠背长椅也被悉数掳走，只要能搬走的能拆卸下来的，日寇都想法劫走。日寇和伪军汉奸多次前来洗劫，几乎所有的金属制品、水管、窗户上的金属都被拆走运回日本，用于侵略战争。此时的都克堂已变成一座破烂的空架子，损失惨重，一片狼藉。

都克堂外墙上爬满了叶茂枝繁的藤本植物“爬山虎”，恰似都克堂穿上了一层厚厚的绿色外衣，更显古老庄重。后来日寇侵占时都克堂遭抢劫破坏，钟楼铜钟被劫。摄于1936年前后。

1945年8月抗战胜利后，回到之江大学的师生，眼前看到的都克堂除了石头砌成的墙体外，没有门没有窗，堂内被破坏殆尽，甚至连舞台的地板也被撬光。为了迎接胜利后的复校复课，学校利用捐赠的款项和物资对都克堂进行修复。经过工人夜以继日的赶工，数月后都克堂又恢复了过去的庄重风采，同时填平了都克堂前被日寇挖掘的战壕，拆除了周围的铁丝网。

今天，经历百余年的风风雨雨，都克堂依然屹立在杭州秦望山麓原之大的校址上。从1917年到1949年5月，都克堂见证了不同时代的历史，走过了不平凡的岁月。1936年，之大在都克堂首次上演进步话剧《一片爱国心》，激发师生强烈的爱国感情。抗战时期，有数名学生参加空军加入驱逐机大队，直接与日寇作战，在抗战中全部殉国。1949年新中国成立前夕，都克堂还成为进步学生演出话剧的场所，演出有《雷雨》《子夜》《黑夜》等，笔者当时虽是小学生，也被挑选去参加过演出。1949年5月杭州解放后，都克堂成为放映电影的场地，放映的电影有二十余部，其中有《百万雄师下江南》《大桥》《夏伯阳》《保卫察里津》《女拖拉机手》《攻克柏林》等。

1952年高等院校进行院系调整，杭州之江大学解体。其工学院、商学院、文学院系科分别并入上海同济大学、上海财经学院、浙江大学、浙江师范学院。原之大校址又历经浙江师院、省委党校、浙江大学三分部、浙大之江校区、浙大光华法学院诸多变迁。都克堂亦经过多次改修变更，改作他用。为了适应搞活动，都克堂屋顶被升高了两米多，举行会议、跳集体舞、做报告、充当电影录像厅，变成了俱乐部、活动中心、会议场所等，但是都克堂的外表和内部结构依然如旧。

都克堂这座古老的教堂已走过了百年的历史，经过了几个时代，从它身上可以深深地感受到时代的变迁。

战后十年的韩国社会

秦　风

1964 年，美籍牧师薛培德在韩国传教期间，拍摄了上千张照片，生动地反映了韩国百姓生活的艰苦，以及在困顿中力争上游的精神。对照今日韩国的进步与繁荣，令人感触良深。

1950 年爆发的朝鲜战争，历时三年，战火遍及整个半岛，城市乡村均未能幸免。大战过后，只剩下倒塌的房屋、残破的家园，以及重新站起来的期盼。此时韩国年均国民所得仅 67 美元，与非洲加纳同为全世界最贫穷的国家，无论政府运作、经济建设还是民生消费都需要仰赖国际援助。社会上贫穷景象四处可见，由于许多男子战死，大街上多是妇女和幼童，建筑残破，生活条件极其恶劣。

此时，一位小学四年级的学生李润福用日记描述了他每天的生活琐事。由于生活无着，母亲和父亲吵架后出走，李润福每天放学后，必须出去卖口香糖、喂山羊、擦皮鞋、拿着罐子要饭，以养活生病的父亲和三个年幼的弟妹。他在谋生的过程中常被欺负，包括被年纪大的孩子抢走口香糖，遭成年乞丐殴打，以及到处被驱赶。然而，年少的他并没有自暴自弃。李润福渴望母爱、渴望幸福，他没有怪罪离家的母亲，也没有记恨

韩国汉城（今首尔）贫民窟外围用铁丝网圈住。

韩国汉城（今首尔）市区破败的贫民窟

韩国汉城（今首尔）贫民窟里的一名年轻妈妈带着两个孩子。贫民窟没有围墙，用简陋的铁丝网围住，母亲们常在铁丝网上晾晒衣服。

韩国汉城（今首尔）贫民窟的两个女孩正在玩跳板，这是朝鲜民族传统游戏。女孩们虽然生活困苦，仍然以传统民俗为乐。

韩国汉城（今首尔）贫民窟里的居民

韩国汉城（今首尔）市区的一个角落。远端的洋楼在战火中被毁，仅剩残垣断壁。虽战争已结束多年，但战争的痕迹依然可见。

贫民窟里的妇女打井水浣衣。

贫民窟里儿童成群。不仅韩国，战后婴儿潮在很多国家都出现过。

贫民窟里打扮时髦的妇女，通常是节庆时她们才会如此穿着。

社会的不公，而是努力地改善环境，勇敢地活着。日记里那些朴实的文字流露着人性的善良：“为了寻找失落的幸福，即使流泪，也要努力追寻；就算拿着乞食罐子的手在发抖，也要走下去，幸福一定在不远的地方。”“天空不停地飘着雨丝，离

韩国汉城（今首尔）的基督教修士。韩国基督教信徒众多。

家的妈妈是否还想着我们呢？抬头望着雨水漏进屋里，饿肚子的我仍然需要坚强地活着。”“全世界的爸爸们啊，请不要喝酒！喝酒容易吵架，吵架容易争执流血，知道别人怎么说吗？‘那家伙爱喝酒，喝死了活该！’”

李润福的日记反映了韩国贫穷家庭儿童的真实世界，以及不怨不悔的励志精神，这在当时是具有普遍性的。在李润福的老师协助下，这本日记得以出版。没想到，书一面世立刻激起韩国社会强烈的共鸣，许多人被这个孩子善良的本性以及向上的精神深深地打动。这本书很快被翻译成日文，在日本同样造成轰动。随后中文版在中国台湾发行，一时洛阳纸贵，成为学校指定的课外教材，中文的译名为《秋霜寸草心》。

今天的韩国已是世界第十五大经济体，在造船、钢铁、汽车、信息科技等领域均位居世界前列，韩国的体育和流行文化在国

一位韩国老人摆地摊，贩卖传统农历册子。

新生的韩国幼儿，代表未来建设的希望。

一名汉城（今首尔）妇女高兴地抱着美国教会捐赠的衣物。

际上亦占有一席之地。这个国家的成就，早已突破有限的人口、资源和国土的困囿，韩国的影响力已充分被世界感受到。这些都不是偶然的，而是韩国社会长年奋斗的结果。那种强韧的生命力，在半个世纪前那些不甘悲苦命运、决心追求幸福的贫弱孩童身上，就早已存在了。

卖鱼的汉城（今首尔）妇女，背着孩子，捱过生活的艰辛。

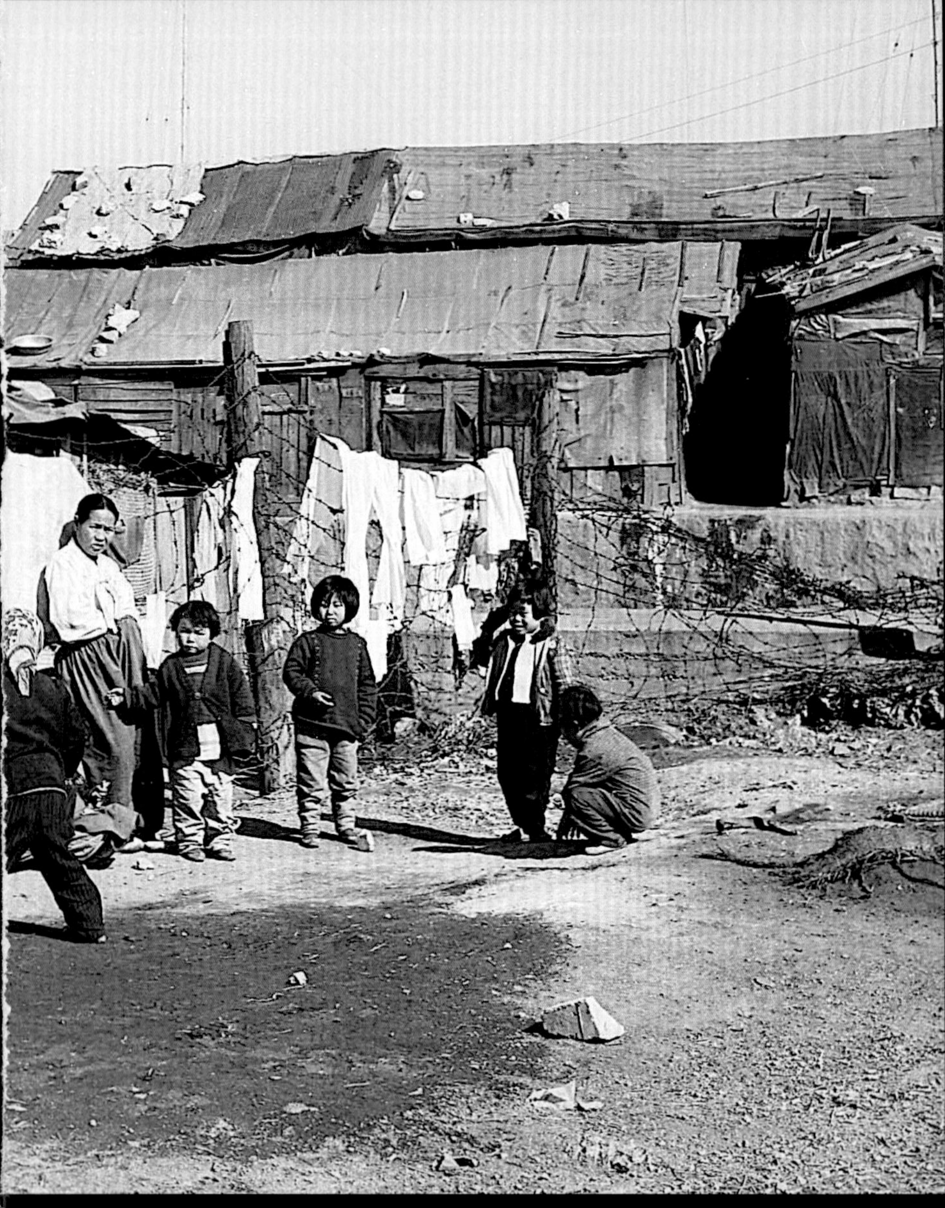

足，靠着外界的救济生存，但并没有减弱他们追求幸福的心愿。

韩国汉城（今首尔）贫民窟里的孩子们围观传统甜食的制作。对于贫穷的孩子来说，甜食是珍贵的食品，每个孩子都盯着铁锅，嘴角露出要流口水的样子。

十年间，汉城市内主要以低矮的建筑为主，新型的现代建筑非常稀少。

韩国汉城（今首尔）大街上的一栋现代建筑。朝鲜战争对汉城造成严重的破坏，战争结束后的

韩国汉城（今首尔）街边的一名老人，贩卖传统的农民历。农民历的许多传统
术语仍用汉字写成，老人手中也拿着传统的算盘。

韩国汉城（今首尔）贫民窟里的孩子，生活条件极其恶劣，没有电和自来水的供应，食物亦不

背着孙儿的韩国妇女，形成优美构图的民族特色。

结婚照背后的故事

唐佩云

这是我们的结婚照，摄于1969年春节期间。那年我二十四岁，他三十岁。

我叫唐佩云，那时家住在湖南省邵阳县九公桥公社四联大队李家冲；他叫陈敏捷，住在九公桥公社元塘大队陈家冲。我们两家相隔五里路左右。

我在家排行第四，有一个哥哥，两个姐姐，还有一个弟弟。旧社会农村重男轻女的思想很重，为了多生男孩，每家都生十个左右，但由于医疗条件不好，每家生的小孩只能活一半。我妈生了十个，只活了我们五个。我小时候家里条件不好，一家人日子过得紧巴巴的。听妈妈说，我爷爷在的时候，家里地很多，有一百多亩，每年雇人种，雇人收，生活很富裕。爸爸年轻的时候一到冬天没农活干，就去打牌赌博，输了很多田，到最后只剩下十多亩地了，家境也就慢慢破败下来了。最后，甚至连粮食也不够吃了，经常要去找人借，而且连几分钱一斤的盐都买不起，可想而知，那时家里有多困难了。

不过，世事难料。1949年新中国成立了，政府实行土改，按照每家田地多少划阶级成分，土地很多的是地主，少一点的

1969 年的结婚照

是富农，再少的像我们家只有十多亩地的是中农，没几亩地的是贫农，然后把地主家的地分给贫雇农。

我丈夫在家排行老大，还有一个妹妹，一个小弟。他爸爸在旧社会是个老师，新中国成立后在邵阳水文站工作。他妈妈是个家庭妇女，个子矮小，名叫刘香桂。他刚生下来没多久，他父母就闹意见分开过了。他父亲在外面上班，常年也不回家，他奶奶也不管他们母子。他妈妈一个人带着他在农村里，很辛苦。生活条件不好，加上没人照顾，他从小身体就不太好，个子不高，比较瘦弱。直到他大约十岁的时候，他父母才经人说合重新过到一起，但夫妻间的感情始终不是太好。

他父亲因为工作关系，常年在邵阳周边地区的水文站上班，那时交通不便，很少回家。后来他母亲就带着他弟弟、妹妹过去投奔，作为家属和他父亲住在一起。那时他已经小学毕业了，一个人寄宿在邵阳县城里读书，没有和父母生活在一起。他很聪明，读书也很用功，后来考上了长春地质学院。在那个年代，能上大学的人很少。他是他们村里第一个大学生，很了不起。

我只读到高小。那时候刚从旧社会过来，女孩子一般都不让读书，只有个别人家能看得长远一点。我爸爸只看眼前，不看以后社会发展，解放前不准我两个姐姐读书，说姑娘是别人家的人，读书是好了别人，所以只送哥哥去读书。那时乡村办夜校，也不准我们姑娘晚上出去，但有些人家就让女儿去夜校学文化。过了几年，邵阳市工厂开始招女工了，有几个和姐姐一样大的女孩子被招到邵阳市去当了工人，这时候爸爸才醒悟，同意让我去读书。

我刚开始上一年级的时候，是在唐氏祠堂读的。那时只有乡镇才有学校，县里市里学校都离我们家有几十里路远，所以政府就把每个乡的祠堂当作校舍。我们家姓唐就去唐氏祠堂读书，那里离我们家有六里路。以前没修公路，每天走田边小路，还要从一座大山边上绕过去。那时候上课也很简单，没有作业，老师教我们唱歌跳舞，玩抓人的游戏，文化知识学得很少。

后来上三年级的时候，就分地区上学了。人多了，祠堂太小了，就把祠堂拆了建一所新学校，叫我们学生天天去挑那拆下来的旧砖旧瓦来修新学校。我们和五六年级的同学们像蚂蚁搬家一样，挑的挑、抬的抬，一个月没有上课。两年后学校才完全修好。第二年上六年级的时候，每天上午上课，下午就要去帮农场干活，扯荞麦，扯猪草，什么活我们都要干，没有正式上过一天课。夜晚有时还要去干活。

后来“大跃进”开始了，有好多学校停办了，一些在外省读大中专的都回家干活了。那时村里已分了生产队，安排大家在一起干活，在一个食堂吃饭。生产队里实行工分制，男人干一天十个工分；妇女能干的，一天有七个半工分；我们十三四岁的，一天只挣四个工分。吃饭男人们五两一餐，妇女们三两一餐，我们未成年的每餐二两，大家都吃不饱。我从此就一直在农村劳动了。

我认识他，是 1968 年春节时。那时他已经毕业工作好几年了，而我一直在农村劳动，中间因为积极肯干，还当过一段时间的妇女队长，什么苦活累活我都干过。后来我不想在农村干了，1967 年过完年，我就去了我大姐家。我大姐比我大十多岁，姐夫是当兵的，后来退伍转业到铁路局工程部，分配在湖北丹江沿线上修铁路，姐姐结婚后也跟他一起去了湖北。我在姐姐那里跟她一样做小工，姐姐在姐夫单位缝纫组做工。那年火车站对面正在修铁路医院大楼，我白天在那儿干活，晚上不加班休息时就跟姐姐学做衣服。那个年代双职工很少，一般家属都没有工作，在单位上找些临时工做。当时我正好从我姐家回来，他也从单位回家探亲。

我们是经人介绍认识的，介绍人是我的一个远房姑父。他 1965 年大学毕业，分配在河南洛阳地质队工作。每年过年有 12 天探亲假回家看父母，同时找对象，不过好几年了都没成功。那个年代讲究阶级成分，他爷爷是地主，女方都不愿嫁给她，而且他还要求马上结婚，他快三十岁了，比较着急，所以找了几年都没找到。后来他跟我说，城里的女孩不喜欢地质工作人员，他也不想要城里女孩——太懒。

在认识他之前，我有过一次不成功的订婚经历，男方是我表哥，我亲二舅的儿子。按现在的说法，这算近亲，是不适合结婚的，但那时农村里没有人在意这些。

我这个表哥在河北省邯郸市工作，每年过年回家和他外公外婆一起过年。他外公外婆是我们村里人，老两口没有儿子，只有一个女儿，嫁给了我二舅。可怜的是我二舅和舅妈他俩在1945年被日本鬼子追杀，无路可走跳水塘自杀了。我这个表哥当时才六岁，一直由外公外婆抚养成人。后来我爸爸认两位老人当义父义母，帮他们家干活。从那时起我们家拿钱供他上学，我两个姐姐农闲时给他做鞋穿，在经济上支持他直到他大学毕业工作。他外公外婆年纪大了，心里一直想要我和他们外孙结婚，好以后照顾他们二老。这些都没跟我说过，但可能跟我爸妈提过。

1966年春节，我表哥回来，家里让我和他去邵阳市照相，把婚事定下来。他比我大六岁，一直在读书，我们没什么接触，也没说过话，也就是每年过年他来我们家拜年吃一餐饭，见个面而已。后来去照了相，一路上也没说话，彼此也没有什么感觉。春节过后，他回去上班了，给我写了几封信，没说任何感情方面的事，只说他在老家没有房子，外公外婆老了，那也不是他的家，他说变只鸟也要有个窝。我知道他心里不同意，他不想回湖南，又看我没文化，没工作。但又不敢不听外公外婆的话，害怕直接说出来我们一家人不高兴，说他没心没肺，没良心，想等我说不同意。我后来回信说，既然你不同意，那就各走各路吧，从此他再没写信，这次订婚就不了了之了。我当时也没和他外公外婆说这中间的缘由，后来他二老还怪我不想照顾他们，我是哑巴吃黄连——有苦难言。

介绍人带陈敏捷来的那天，我爸爸到离家比较远的煤矿去挑煤了，没在家。只有我和二姐在家，因为二姐夫生病去世了，

一岁半的大儿子。1974 年冬在湖北襄樊大姐家住时拍摄。

刚满周岁的小儿子。1975 年冬摄于邵阳县照相馆。

所以二姐回娘家住了两年，那段时间一直在家里。他当时一见我就同意了，还留在我们家吃了中饭。

那个年代儿女的婚事都是父母做主，他说要马上结婚，我们没同意，要等爸回来再说，他们就先回家了。第二天爸爸回来了，介绍人又来了，叫我和二姐去他家看看。他家在元塘大队，离我家大约五里地。去了后才知道，原来他妹妹跟我是同学，上高小的时候在一个班，真是很巧，不过从来没听她说过有个哥哥在吉林读大学。父亲同意了这门亲事，但也觉得马上结婚有点太仓促了。后来他同意先不结婚，先和我去邵阳市照相把婚事定下来。那个年代照相是个大事，照了相就算订婚了。

那天我俩去照相，他走在我前面五六米，我在后面跟着，怕走在一起让别人笑话，也没好意思说话，就这样一直走了二十多里路才到邵阳市。还好，都是公路。到了邵阳市人多了，他就停下来等我一起走，怕我走丢了。照完相，他带我去他爸爸单位见他爸爸。后来我们在一家饭店里每人吃了一碗面条就回家了，也没多说话，各回各的家。过了一天，他的假用完了，就回河南上班去了。我们互相写信，信都不长，说说各自的情况，叮嘱对方“保重身体，安心工作，不要挂念”等，都是些谁都能看的话。那个年代的年轻人不像现在的，一开口就是亲啊爱的。

那年农历腊月二十四他回的家，腊月二十八，即公历 1970 年 2 月 4 日，我们举行了结婚仪式，在他们家、我们家都办了好几桌喜酒。亲戚朋友都来了，祝福我们新婚快乐。晚上闹洞房很热闹，大家吃夜宵，闹到夜里一点多才散。

第二天上午回娘家，这是风俗，在娘家吃了中饭再回家才算婚事办完了。从此我就是陈家人了。又过了五天，他假期结束回河南了，而我就开始整天在陈家生产队干农活。这样过了几年两地分居的生活。

后来，他从河南调回到湖南，在邵阳附近的地质队上班，我就从农村出来，跟他一起，当了随队的家属。再后来，我们有了两个儿子，因为我没有工作，日子过得比较艰苦。而且那时他在野外探矿队，经常换地方，在一个地方住不了多久，又搬到另一个地方，拖家带口很不容易。后来等小孩上小学的时候，他就调回单位本部工作，不需要老在野外跑了，我们也基本稳定下来，在邵阳地区隆回县城住了下来。再后来，等两个儿子上初中的时候，我们又跟着单位搬进了城里，在娄底市定居了。

全家福。1988年，大儿子在长沙上高一，寒假回来在娄底照相馆拍摄。

一晃几十年过去了，两个儿子都成人了，他们都有自己的小孩了，我们也都老了。两个儿子都很有出息，毕业后先后都去了北京工作。我们老两口也跟着时不时到北京儿子家住住，日子越来越好。“开始享儿子的福了”，邻居、亲戚们见了总是羡慕地说。我们心里也很开心，觉得一辈子的辛苦没有白费，到老了，总算可以安享晚年了。

可是，这样的日子过了没几年，老伴的身体却一年不如一年了。他从小就缺少家庭的照顾，后来一个人在邵阳上学的时候又得过一场病，差点没命，身体一直比较差。两个儿子在长沙上高中那会儿，他每年都得住院一两次。到了北京以后，儿子带他去做了全面的检查，又查出肺有毛病，医院开了很多药。这些药副作用很大，他为了治病，陆陆续续吃了几年，但病也没见好转。2007年春天的时候，突发了一次脑梗，幸好送医及时，恢复得比较好。谁知道没过两个月，那年五一的时候，肺部肺大疱破裂导致气胸，呼吸困难，送至医院就已经人事不省了。后来在ICU病房住了一个月，最终还是没有抢救回来，永远地离开了我们。

老伴去世了，湖南的家也变成了伤心之地，我后来就没有回去，一直跟儿子住在北京。儿子媳妇平常工作都忙，我一个人虽说什么也不愁，享着清闲，总是觉得孤单，时时想起老伴，辛苦了一辈子，好日子才开始，你怎么就走了呢！留下我一个人整天没着没落的……前些年回去，在书桌抽屉的书本、纸张里翻出了这张相片，也不知道是什么时候从相册里掉出来的。看着相片里的两个年轻人，我眼泪怎么也止不住，耳边又回响起当时摄影师的招呼声："这位男同志，站近点，再近点，对，对……一看就是读书人，比人家大闺女还不好意思……我数一、二、三，笑！"

一生蹉跎的舅舅

田卫平

舅舅曹立鹤，20 世纪 50 年代南京大学农学院兽医专业毕业的研究生。在学校他是品学兼优的好学生，毕业后本该成为一名优秀的兽医，可造化弄人，他迎来的却是一生坎坷，岁月蹉跎。

舅舅是家中的笑话。1984 年，他从湘潭来北京，约好我去接站，但我临时有事，换了妹妹和我妻子去接。她们进站有点晚，迎着出站的乘客一路寻找，一直找到他的车厢，但里面已空无一人，只好回到站台，只见一个瘦削的人蹲在地上。妻子从未见过舅舅，便问妹妹是不是，妹妹瞟了一眼说："那也太惨了吧！"话音刚落，妻子隐约听见那瘦削的人发出微弱的声音，似乎在叫我的名字，二人忙转到那人面前定睛看去，正是舅舅！他戴着褪了色的蓝便帽，身着洗得发白的蓝棉短大衣，低头对着一只破旧旅行袋喃喃自语。这年他应该只有五十几岁。是为他的母亲奔丧而来，也许是因为他太悲伤，而导致行为有些失常。

舅舅结婚晚，"文革"期间，年近不惑还是单身的他，开始对女性有了超常的兴趣和冲动，家人发现了"危险"的苗头，便赶快给他张罗对象。幸运的是，一谈就成了。舅妈是工人，

图 1　1984 年，舅舅和妈妈合影。当时姥姥去世，舅舅赴京奔丧。

比他大，结过两次婚，还带着分别属于两任丈夫的两个女儿，相貌也不好看。姥姥、姨妈不太满意，他却十分中意："工人好，思想觉悟高，是领导阶级。两个小孩有什么关系，都是国家的孩子！"姥姥、姨妈闻之无语。

舅妈工资不高，加上身体不好，常休病假，收入很低。在学校工作的舅舅成了家里的经济支柱。他个人生活极其节俭，近乎自虐。皮带断成一头一尾两截，中间用布条接起来继续用。内衣百孔千疮，外衣陈旧不堪。每次来京，妈妈都要为他添置新的衣物，从头到脚换装，下次再来时依然破破烂烂，于是再换装一次。有时，他对家人要求也颇苛刻。他一度认定豆腐是营养价值高、最物美价廉的食物，便要求家里天天顿顿吃豆腐，吃得一家人一片怨言。但是，家中生活依旧不太宽裕，舅妈时常给妈妈写信，寻求经济帮助。后来舅舅走了，舅妈还在，妈

图 2 解放初，姥爷离开南京前家人合影。当时母亲在北京上大学，未能参与。

妈还会接到类似信件，于是依然接济。

20 世纪 80 年代初，一封来自北京密云的寻亲信，揭开舅妈还有一个大女儿的秘密。原来在死去的两任丈夫之前，舅妈还有过一任丈夫，并育有一女。这第一任丈夫是南下部队的解放军战士，舅妈当时是市里工厂的青年女工，二人恋爱结婚，她跟丈夫回到老家——密云山村。湘女虽多情，但也实在难以适应北方山区的生活，最终抛下丈夫、女儿，独自南归。大女儿跟舅妈取得了联系，但舅妈对这个女儿却很冷漠，舅舅倒是异常热心，还主动给她寄钱，结果惹得舅妈跟他打架，为此他只好偷偷地寄钱。舅舅还曾让我陪他去密云山里看望过那个女儿，而舅妈却没有再回过那个小山村，大概那段经历让她太痛

图 3 1950 年，二十一岁的妈妈（右）、二十岁的舅舅（中）和十四岁姨妈（左）合影。此时舅舅在南京大学学兽医。

苦，以致不愿再去触碰吧！

俗话说：外甥像舅。我似乎有几分像舅，但照片里年轻的舅舅比我样子好看得多。国字脸，高鼻梁，双眼皮，大眼睛，皮肤白细，目光炯炯。舅舅从小就是乖孩子，从不调皮捣蛋，还有点胆小怕事。上中学时，一日天色很晚，仍不见他回家。这是从未有过的事情，家人担心出了意外，急忙四处寻找，总算把人找到。原来他弄丢了家里为他新买的自行车，怕遭责骂，吓得不敢回家。妈妈、姨妈觉得他完全是多虑，因为姥爷、姥姥很少说他。相比之下，妈妈和他成了两个极端，在江边游泳丢了家里给的大钻戒，若无其事，而姥爷、姥姥也没有一句责难。舅舅会读书，成绩好，大学目标一直是上医学院学医。结果解

图 4 1963 年，当兽医的舅舅。

放前夕报考大学时，他自作主张没有报考医学院，而是考了中央大学（解放后调整更名为南京大学）农学院兽医专业，并被录取，这让家人大吃一惊。他的解释是医学院取分太高，担心考不上，而农学院容易考些，可家人始终认为以他的成绩报考医学院绝无问题。最好的例证就是，姥爷最要好的朋友的儿子，跟舅舅同学，成绩不如舅舅，却考上中央大学医学院，后来成了北京协和医院的名医，如今快九十了，听说还在出诊。

舅舅本科毕业后考取研究生，曾问他研究生时研究什么，答曰：“牛胃。”读研期间舅舅病了，据说发病原因与姥爷和爱情有关。姥爷原是国民政府社会部工作人员，当时的社会部即今之民政部，负责社会福利救济。抗战时他在重庆一家国营赈济工厂当厂长。工厂专收难民，生产自救，因工作出色，抗战胜利时得到政府嘉奖。他原本已经留下迎来了解放，但随之而来的是新政权的不信任和失业，生存陷入困境，当时前往香港还是自由的，姥爷便离开南京去了香港，后找工作未果，又辗转台湾。父亲投奔了反动派的大本营，这给在新政权下生活且性格内向敏感的舅舅，带来了常人无法想象的压力。而此时他暗恋的女同学，与别人成了男女朋友。也许正是这政治和爱情的双重打击，让他脆弱的神经在极限处断裂——人疯了。

对于舅舅的病，姥爷却有另一种解释：老天报应。姥爷的祖父曹德庆，武举出身，淮军将领，平定内乱时立下赫赫军功，封记名提督，任狼山镇总兵，被尊称为“军门”。清朝总兵为绿营兵正，受提督统辖，掌管本镇军务，又称“总镇”。清初总兵无定品，乾隆年间始定品秩，为正二品，编制内的总兵只有八十三人，提督与总兵是汉人武官在清代能出任的最高职位。《清史稿》其传曰：“（光绪）十年，法越衅起，移军防吴淞，增筑南石塘、狮子林炮台。曾国藩疏荐其设防要隘，不避艰险，授狼山镇总兵，留防如故。”即说他在中法战争时镇守吴淞炮台之事。家人曾言，他购入德国大炮，首创用水泥修筑工事，使之固若金汤，外敌始终不能进犯。军门还做过不少保境安民的好事，传曰：“皖北饥，输巨金助赈，诏旌之。十六年，罢戍，

图 5 20 世纪 60 年代中期的家庭合影。后排右为舅舅，左为姨妈，中间为姨父；前排右一表妹力力，右二姥姥，右三表弟剑峰，右四表妹武子。

赴本官。时通海里下河纵横数百里，枭寇出没，民苦之。德庆尽法惩治，奸宄浸息。”家中自军门发达后，每代总会有人得上疯病，于是认为是军门带兵打仗杀人太多所致。

因为救治及时，病好后的舅舅顺利毕业，但又因家庭问题被分配到苏北乡下一家兽医站工作。工作后，舅舅有了工资，一人生活还较宽裕，但他不给当时没有任何经济来源的姥姥一分钱，理由是“她以前过惯了剥削生活，现在应该吃吃苦”。没过几年，乱子又起。一头经舅舅治疗的牛死了，而这时舅舅又疯了。姨妈受姥爷牵连，虽学习优秀，但大学毕业不能留在家乡南京，而是被分配至当时较落后的湖南湘潭。听到舅舅犯病的消息，姨妈忙从湘潭跑去看他。见舅舅蓬头垢面，睡在牲

图 6　1968 年，舅舅和姥姥在韶山。

口棚里，姨妈担心哥哥死在那里，慌忙托关系找人，把他调到湘潭，住到自己家里，便于照料。后来，舅舅渐渐康复，先是在一家农业技校工作，后被调到一所中学，大概他的教学效果不好，学校派他做了食堂管理员，据说做得很不错，一做十几年，直到退休。

第一次见到舅舅，是 1976 年夏天。受唐山大地震的影响，我从工厂请了假，把爷爷、奶奶送到长沙亲戚家，就近去湘潭看望久未谋面的姥姥和从未见面的姨妈、舅舅等家人。舅舅那时是食堂管理员，似乎很忙，扶着自行车，只和我在姨妈家楼前院子里站着讲了几句话。那时的他身着白色圆领衫、浅色短裤，脚上一双咖啡色旧塑料凉鞋，黑黑瘦瘦，看上去仿佛精干，两只略凹的眼睛又大又亮，人有些羞涩拘谨。破旧自行车后架

图 7 20 世纪 80 年代初，笔者（后排中）在舅舅大女儿家。

图 8　1986 年，姥爷（右二）回大陆探亲，和舅舅（右一）等合影。

上绑了一只水桶，说是为食堂采买时放东西用的，他从水桶里拿出一包塑料袋装湿咸西瓜子，很真诚地送我，见我没要，又放回桶里，带回家去。

我跟舅舅相处最长的一段日子，是去密云看舅妈的大女儿的时候。80 年代初，交通不便，我们一早上路，乘火车到密云县城，换乘汽车，下汽车后又走了十几里山路，一路打听，居然在冬日的夕阳下走进了那个小山村。舅妈的大女儿见到我们特别高兴，赶快去村里小卖部买肉和蒜苗等最贵的吃食，并借此向沿路遇到的村民大声宣布："我姑姑家的兄弟来啦！"她小圆脸，圆眼睛，皮肤白皙，快人快语，透出江南女子的印记，却说了一口密云土话。她已结婚生子，女儿在上中学，儿子也上小学了，丈夫看上去本分能干，两个人都很勤快，一家人和和睦睦，日子过得还算富足。我们在那住了两三天，每天早饭开始就是炒鸡蛋、二锅头……舅舅似乎十分享受大女儿一家对他的热情款待，脸上一直洋溢着幸福的笑容。

80 年代中期，姥爷回大陆探亲，舅舅来京团聚，一起住在妈妈学校的宿舍，他主动把去水房打水的任务承包了。水房一暖瓶水收几分钱，打水者把钱放在小木箱里，无人看管时，常有不自觉的人就自觉省了这几分钱，这其中就有舅舅。每次在路上，见他一脸窃喜，拎着两暖瓶水往家快走，就知道他又逃了水钱。姥爷在美国时，有亲戚讲美国兽医收入不菲，可让舅舅过来发展，满心欢喜，但回国后看到舅舅的样子，只剩下摇头叹气。

舅妈是个苦命人，第二任丈夫死于疾病，第三任丈夫死于工伤，颧骨高更应验了民间所说的克夫命，但舅舅一点不担心。两人虽是半路夫妻，但也算在一起过了二十几年。家里也有人说，舅舅命硬，但他还是走在了一直身体不好的舅妈前面。90 年代他去世时，妈妈不敢告诉远在台湾的年近九旬的姥爷。姥爷有两个女儿、一个儿子，舅舅排在妈妈和姨妈中间。而舅舅一生没有亲生子女。

姥爷说，舅舅二胡拉得好，到台湾后，他从来不敢听二胡。可惜，我却从没听过舅舅的琴音。

我的回忆

李玉芳 口述　倪胜 整理

一

我叫李玉芳，小名巧云。我爷爷（其实是外公）陈少亭是黄冈人，厨师，跟着县太爷到处跑码头。我奶奶（其实是外婆）是山西人，佣人，从小没妈，大半辈子没有名字，（新中国成立后）我为她起名字叫吴贞亭。我就只有这一个奶奶，奶奶也就我一个外孙姑娘。

当初县太爷带着我爷爷到了山西一大户人家，主人看爷爷做菜蛮好，就问县太爷，爷爷有没有媳妇。县太爷说还没有，主人就把自己的丫头（奶奶）给了爷爷做媳妇。

爷爷跑码头，妈妈也跟着他们走，妈妈好像叫引弟。

奶奶生了两个孩子，一个是我妈妈，一个是儿子，不过他几个月就死了。爷爷看到我妈妈出生蛮喜欢。有一回，奶奶把我妈妈放到一边，自己睡在屋里面的竹床上，爷爷看到就一拳打过去，说哪个要你把伢（武汉话，孩子的意思）放到一边？爷爷脾气蛮拐（坏），所以奶奶一辈子恨爷爷。

我是在上海出生的，我父亲是个短命鬼，二十几就死了。

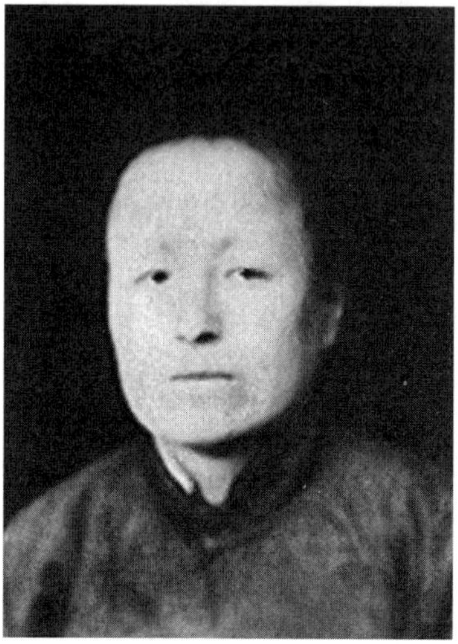

图 1　李玉芳的母亲

第二个弟弟小我两岁，他生下来的时候，亲生父亲就死了。妈妈带两个孩子生活没有着落，只好粘火柴盒子，因为爷爷养不活一大家子，她还是要劳动。

我出生时，饿得瘦得像骷髅，别个（别人）就说，这个孩子要是养不活就剁掉一只脚，要不然下一个生了还是会死。又有人说（找奶妈把我）送去喂奶，于是就让奶妈把我抱走了，说定了我妈妈一个月就看一回我，结果一个月以后我就被养胖了，又白又胖，别个说这个孩子大变样，是不是被奶妈换了个孩子？我妈妈说我认得我的伢，她耳朵后头有两个眼子（耳洞），妈妈（看了一下就）说没有换我的伢。

喂奶三块银元一个月，但妈妈没有钱，后来就改成了两块。再后来，还是穷得给不起，就改成一块多。不喂奶后，奶妈还经常来看我，躲在帐子后面看我，怕我认得要叫。后来她要给别的孩子喂奶，就不来了。这时我会吃饭了，我奶奶用指头抠一点米浆子，放我嘴里，我得以活了下来。

爷爷没有孙子，所以我从小就叫他爷爷不叫外公。有一回过年，爷爷在武汉关那里做厨师，妈妈带着我去武汉关拜年，一看到爷爷，妈妈就要我跪着，爷爷眼泪都出来了，扶我起来，要我不要跪。

到武汉后，妈妈改嫁给湖北黄陂县来汉口开染坊的李姓伯伯。伯伯往常（以前）是拉洋车的，后来接手开染坊。伯伯有手艺有收入，有饭吃。妈妈病了就对徒弟们说，跟你叔叔（指伯伯）找个（我）这样贤惠的，好待人。妈妈不认字，不过在染坊里妈妈学了几个字。那时我很瘦，人家就说这伢看得瘦了，长不好。伯伯就牵着我去茶馆，找人要了药粉末，给我喝了，我就好了，肯吃饭，长胖了。日本人快投降的时候，飞机丢炸弹，我到家一看，对门烧了，炸弹白汪汪的，眼看着丢下来（好多都落在长江里），人都叫，“呀，又丢下来了，丢下来了！”吓死人。大兴路是以后烧的。汉口一片火海，（黄陂乡下）湾里的哥哥被炸弹炸得头流血，到我家里养伤。

我们背着被褥，我牵着大人的衣服，跟着跑，那时我们家后面是五十中的粪坑，我们都跑到五十中操场上站着，躲炸弹。日本人投降以后，末了（后来）就修了民族路小学，在纱坊巷。

民族路和福建街路口，现在卖生煎包子的楼上以前开茶馆，伯伯经常去打牌。日本人看你走路走不好就要抓你，想抓就抓，当时身份证叫 Pass，没有就一巴掌打过去，嘴巴被打出血，还不敢反抗。日本人还当街撒尿。有一回不晓得为什么把伯伯的徒弟抓去了，我姆妈（武汉话：妈妈）怀着蛮大的肚子，到长堤街铜人像（六渡桥有一个孙中山铜像，百姓就叫其附近地方为铜人像）那里的日本宪兵营，边说边哭，日本人把大刀放在柜台上，不时拿起来刮得咔咔响，威胁要杀死徒弟。我姆妈一下子跪下，我冇（没有）跪，站在边上，她哭着说：“这是我侄儿，要放了他。”后来还是放了。

我家隔壁银行是日本人住着的，吃喝玩乐，家属也住在里面。日本婆子背着她的孩子出来玩，我小时候又胖又白，日本

图2 李玉芳与弟弟和国、和敏的合影。

婆子看到觉得我好玩，高兴不过，还给我糖吃。日本人在农村里野蛮些，在大城市还好。

抗战的时候，我们在黄陂乡下住了两个月，乡里嫂子们不晓得多喜欢我，看到就喊我："来来来，姑娘，说两句汉话。"汉话就是汉口话，她们喜欢听汉话。农村里一到节日就做好吃的，糍粑什么的，吃猪油。我在乡里搓毛线，把线搓成线团，搓好了的线团，可以拿着在凳子上弹，像球一样，我就弹着玩。后来，有人来说，日本人投降了，我们就都回武汉了。

日本人投降那年，他们在街上走，怏怏的。上面要中国人不准欺负日本人，要人道主义，但还是有人朝他们吐痰，警察就制止，但也不是很厉害地制止。

家里的穿衣柜是日本人投降那年买的。那个时候六合里是妓院，妓院关张的时候，我就用八块现洋将其买了回来，里面还有没用完的搽脸抹头发的香香（指雪花膏一类的化妆品）。当时还是蛮便宜的。

东风布店抬了一大堆鞭炮，好像是庆祝蒋介石生日，那时生活太平了一阵子。后来就兑换银元，就是银元换金圆券，刚上市的时候金圆券蛮值钱。

我读书做作业不及格，四十几名学生的班里总是考最后几名。家里后来送我去私塾读书，给老师送礼，读“人之初，性本善”。读到四年级，伯伯就说姑娘伢不要读那么多，就不让我去了，但是我很渴望读书，而且我妈妈也希望我多读点书。然后我就在家里玩，蹦呀跳的。邻居哥哥上初中，上课回来就跟我说，学校老师问，李玉芳为什么没来？我就说，我不去了，伯伯叫我在家里玩。其实我想读书。

有一回小伯伯（邻居家孩子，妈妈应该叫她大姐，我们小辈都叫她小伯伯，妈妈此处是按我们孩子的口气称呼——整理者注）和我一起去武汉关找爷爷，爷爷下了一碗素面，非常好吃，面里不放佐料。爷爷做菜不放佐料，尤其不放味精（那时候叫味之素，日本货）。他老是说，那个东西败味，菜要原汁原味的好。小伯伯这辈子一直说爷爷做的素面好吃。我奶奶跟爷爷打杂，恨爷爷。

伯伯请了两个徒弟和两个师傅，师傅是临时的，可请可不请。我妈妈死了以后生意就好了，生活过得蛮舒服了，那时我只觉得有个人依靠就行了。伯伯病了就要我去挂号，我还蛮肯（武汉话：愿意）到处走，去大智路九千年药店买药，只想把他的病治好。伯伯久劳成疾，人蛮厚道，但和海的爸爸（伯伯的弟弟）比较凶，觉得染坊是他哥哥的生意。奶奶就不喜欢和海的爸爸。抗战八年，他们住在乡下，爹爹（和海的爷爷）叫妈妈把衣服拿到塘里去洗，我妈妈是城里长大的，不做这些活，奶奶看了就蛮恨。

妈妈为李家生了个儿子，名字叫李和国。

妈妈是带了我和弟弟改嫁到伯伯家的，弟弟名字叫业务，日本人在的时候，弟弟长疮病死了。那时很多人都长疮，现在想来，大概是日本的细菌战（导致的）。妈妈在药店门口叫我去挂号接医生给伯伯看病，虽然我不是伯伯亲生的，但他对我蛮好。妈妈死前，托付伯伯，还要给我找一个后娘，要待我好一点。妈妈是送到乡下埋的，因为她养了儿子，如果你没有传宗接代，乡里人就不理你，死后不会让你埋到乡下去。

我八九岁的时候妈妈死的，往常说是下痨，现在说是妇科病，没有钱治。素华妈妈也是痨病，吐血死的，那时候吐血是最吓人的，没办法治。

二

爷爷是病死的，1950 年吧，伯伯生意也不蛮好了，爷爷住在这里是靠伯伯养着的。伯伯经常把黄陂乡下的亲戚、当时住在我家附近的素华爸爸（福生）喊来写字，写对联。他经常来，湾子里的人也经常来，伯伯是农村出来的，对湾子里的人蛮好。我家就像大车店，来的人就在这里落脚，来了就吃饭。

素华的奶奶会点手艺，会吊麻（搓麻绳），可以赚点小钱。素华的妈妈蛮漂亮，像个有钱人家的小姐，我姆妈做人蛮厚道，素华的妈结婚是从我们家走的，穿了蛮漂亮的婚纱，红色的西洋式婚纱，头顶扎成花一样，她身材也好。素华的爸爸原来是开染坊的，后来生意做不下去了就顶给了伯伯。因为他认得字，就经常喊他来帮我们开大票。他家就住在沙坊巷口子上，他不做家（武汉话：不能好好持家），染坊不做了就贩大烟，天天怕警察来捉，有一回警察来了，我看到他在二楼窗子上拼命把钞票往楼下扔。素华的妈妈提个篮子在四官殿替人打补丁赚点钱，有人就蛮下流，调戏她，伯伯就喊她在我家门口补（家在民族路，四官殿在河边，相距大约一站公交车程）。生活好了点，她就摆香烟摊子。素华的妈妈信基督教，那时家里孩子生病就请别人烧纸，她信基督教，不好意思烧。

后来伯伯给我结（娶）了个后娘，农村里风言风语（说她跟过别的男人），叔叔（伯伯的弟弟）听到了握起拳头就打后娘，没打着，把墙打穿了。她的娘住在集上，晚上她就回集上睡觉。伯伯也一起在集上，她半夜里出去就跳了塘，淹死了。伯伯到处找没找到，就回来跟我说，姑娘家要聪明点，后娘跑了，她回来拿东西不要给她。后来才知道她已经跳了塘。

你们舅舅的妈妈（我的第二个后娘）与伯伯 1949 年结婚，生了你舅舅（李和敏），她人很老实。伯伯不让她当家，她往常一直在为别人孩子喂奶，她和伯伯是在茶馆里认识的，结了婚她蛮做家（武汉话：勤快持家），养了个伢（你们的舅舅）

就蛮舒服，（把孩子）看得蛮重。

她和前夫生的儿子在茶馆里当学徒，用油炸饼子卖，小伢（她儿子）嘴巴长，师傅看不过就打，打狠了就成了痨病，没有钱看病，慢慢地就死了。她还生了个姑娘，在她与伯伯快结婚的时候也病了，没有钱看病，也是死了。

因为读了点书认得字，我就在染坊里负责给别人送的衣服打个条子。我十七八岁时，伯伯死了，是1952年还是1953年，我记不清了，只记得李和国还在。伯伯一死，生意就慢慢萧条了，但房租工钱还要把（武汉话：给）。伯伯死的时候，喊湾子里的人来抬，把竹床翻过来抬着，一路抬回去，五六个人换着抬。徒弟伢年纪轻，在路上就抬翻了，只好把尸体捡起来继续抬。他们都说，莫要说出去，巧云姐会骂的。我们坐一个小时火车回黄陂。

伯伯死后，我接手做染坊。冬天下大雪，缸里结了蛮厚的冰，我每天两三点钟就起床，把冰砸碎，冰块捞起来丢掉，用柴点起火来，染，泡一天一夜，在染缸下面放谷壳和两块炭，烧，保温，不能让缸里结冰。用竹篙子挑，把布叠起来，用棍子戳，拉起来抖，收拢来就打。请不起人，自己学着做。同行老师傅都来帮忙，帮我调颜色，要对路，颜色才能染上去。买的土靛，一买几百斤，用手，边𤅩边洗。太辛苦了，我一个姑娘伢，才十几岁。邻居孤婆看了就说，“伢呢，你一个姑娘家手这么嫩，哪是做这个事的呢！”但是冇得办法。染好了再拿出去晾着。门口几条篙子，挑，打，拨开，晾着。染完布以后染缸里剩下的靛脚子，传统说能治病，里面有石灰，纯碱，性凉的，很多人就买了去敷腮腺炎等炎症，消肿，轻轻敷一点就好。

我的手都裂了，现在得了风湿也是这个原因。

我们家天井前面楼的主人姓谢，叫谢世南（音），是资本家。他家的姑娘在武汉大学读书，喜欢我，我叫她姐姐，有次带我坐木船过江到武汉大学玩，我很喜欢大学。她姐姐嫁了个男人是老革命，后来她姐姐死了，她就嫁给了姐夫。20世纪60年代，谢到北京出差去找过她，她给了一张戏票，嘱咐说要是迟到就千万莫进去了。结果那天大家都坐好了，要开场时，中央领导一群人走了进来，有朱德、周恩来等人。

你舅舅长到四岁，伯伯就死了，你舅舅的妈妈在伯伯死了两三年后就疯了，生活没有着落。外边游行，她就挎着一个包袱跟着游行，我把她拉回来，她就把头放在水里淹，后来还灌自己桐油，吐血。她家里的嫂子、家家（武汉话：外婆）来找她，说要回乡下才好治病。

接回乡下舅娘家，家里也穷，养不活，接回去好几次，病也治不好。而且她晚上会跑出去，舅娘到处找，后来找到了，她在池塘边一个人自言自语：我要回去，我听到我的姑娘和我的儿子在哭。

后来就把她接回武汉。回来后，病稍微好一点。铁盆子底子上的锈染在我衣服上洗不下来，她就骂邻居："我的姑娘这造业（武汉话：可怜），做件衣服不晓得几难，你们还把东西搞到衣服上，害人。"她不听别个的话，只听我的。之前的后娘蛮拐，她就蛮好。

有一次，她跑出去一天一晚上，戒指都丢了。邻居明秋的爸爸和妈妈就来劝我："姑娘啊，莫着急，看到你瘦了，不要紧，（她）死了再说，我们可以支持你一点。"

我怕她发疯伤了弟弟，就带着弟弟在五楼睡，让她在一楼睡。有天晚上邻居就叫我，快来啊，你屋里的疯子吐血了。我赶紧跑下来，她正躺在竹床上，地板上一摊新鲜的血迹，我要动手收拾，她一下子揪（武汉话：迅速地起身）起来，说：“莫过来，莫过来，要传染的。”然后很麻利地拿了扫帚，用炭灰裹住血迹，扫到簸箕里。

死的那天，她说要吃罐头，我买不起，当时罐头要一两块钱，我就骗她，说现在晚了，店子都关了门，买不到罐头，去买瓶汽水喝好不好？她说好。我就去买了一瓶，她用舌头顶着瓶口喝，喝了没两口，头一歪就死了。其他人都没哭，我哭了，感觉蛮伤心，无能为力。

她把五岁的弟弟留给了我，而我也没有生活能力。黄陂乡下的人来说，要把弟弟送给“路子”叔叔（这个叔叔比较有能力，有路子，都叫他“路子”）做儿子，我就不愿意，只知道哭，摸着弟弟的后脑勺，眼泪不停地流。有个远方亲戚叫小桂，到现在还住在黄石，当时也跟我说，莫把六荷给别人，我们可以帮你把他养大。后来，我确实慢慢地把他拉扯大了。

三

舅舅是六月生的，我就给他起个小名叫做六荷——六月的荷花。那时带着你们的舅舅过，他那么小，每次他起床，我要邻居二婆帮他穿衣服，但他非要姐姐，也就是我穿，而我要做事，哪有空？他蛮听话，二爹（二婆的老公）蛮护着他，我家后头一个女的蛮拐，常常打舅舅，二爹就说她，做么事要打他？你们爸爸（指丈夫）不管，我只好一个人带着他去论理，我说她这么大人做么事要打小伢呢？

每天，舅舅负责抹桌子，抹好了再上学。奶奶做饭，怕我吃少了，心疼我。她先是在外边帮别人做饭，过了两年我没有人做饭就把她弄回来，让她为我做饭。奶奶是小脚，站不得，就跪在板凳上炒菜洗碗，两个膝盖都起了茧。记得日本人在的时候，流行沙林病（此病的名称讲述者在不同年份有好几种说法，应该是文化程度低，一直没搞清楚。经整理者查询，当时日本军队并未使用沙林毒气，但使用过其他毒气），大家都躺倒了，奶奶一个人做了一大锅粥，做好了就喊我们起来吃。

灾荒年（指三年困难时期）的时候，奶奶在隔壁迎春餐饮店买了两根油条回来。我跟舅舅说，莫馋，这是奶奶吃的。奶奶跟我说："我哪吃得了，点心点心只点个心吵！"

奶奶很心疼我，觉得我是养家的，每次吃饭都让我先吃，多吃。三年困难，没有东西吃，居委会照顾老人，发了两个饼子（很小，长方形的，黄色，面粉做的），我跟舅舅说，这个是照顾老人的，要让奶奶吃一个，剩下的一个我们分。他蛮听话，答应了。奶奶不肯吃，非要让着我，推来推去半天。我说我们有，本来就分了你一个，不能两个都吃了。奶奶这才算了。我分给舅舅一半，他托着包装纸坐到门外吃，等我出来，就看到他吃完了在舔纸上的碎末。我觉得这样很没教养，很生气，给了他一巴掌，他眼泪在眼眶里直转。我就把我的半个饼子给了他，他不肯要，推了半天。

他们最怕我生病，每次我感冒他们都吓得要死，怕以后没有人管他们了，尤其奶奶很怕。有次我感冒了，住在楼上，舅舅问了医生怎么吃药，半夜爬起来上楼敲门，告诉我该吃药了。

解放后，民众乐园开放，我就背着奶奶去看（因为奶奶是小脚，走不动），楼上楼下每个厅的表演都去看，小姥姥（她是黄陂祁家湾的老乡，在汉口跟我们做邻居）跟着我们一起去，

图3 李玉芳的丈夫。结婚时在云南剿匪，后转为工程兵。是省级劳模、一等功臣。

逢人就帮我宣传："这是她的孙姑娘啊，晓得几孝顺！"

1957年武汉长江大桥修好以后，大家都去玩。奶奶跟我说："你莫去看呢，都说大桥在晃，吓死人。莫去呢，桥有个么看头吵！"我不管她，那天背着她一直走，上了大桥，她蛮高兴："这哪是大桥呢，是马路呢。"我把她背到桥上玩，然后在桥上叫了个三轮车，几个人一起坐车下桥，在桥底下照了相。奶奶高兴死了。

奶奶是1962年去世的。之前我结婚时，就想带她和舅舅出去玩下的。她知道我要结婚了，就问，么办？我说，把你送到孤老院，六荷送孤儿院。其实我是掰（武汉话：骗）她的，做么得得呢（武汉话：怎么会呢）！

邻居都蛮同情我，我家里没人（当时丈夫在云南当兵，结婚后一直在昆明工作，很少回武汉），舅舅和我相依为命。老家伙（指丈夫）回来探亲，舅舅玩木头枪，老家伙就打，要他跪着，舅舅说："姐姐，脚跪麻了。"我就拉他起来。他读书蛮勤奋，蛮肯学。家里没灯，他搬个板凳到街上路灯下写作业。那时没钱，穿衣服蛮困难。舅舅衣服脏得发光。

那时候生活都很艰难，后来渐渐条件好了，我们自己也养了孩子，卫生也做得好点了。

奶奶去世的时候攒了几百块，是她为别人洗衣服赚的，全

图 4 在武汉长江大桥前的合影

给我了。大哭一场，把奶奶送出去后，我就怀了倪惠。居委会把我的染坊拆了后，就把我介绍到中南木器社工作，我蛮高兴的。

我在中南木器社工作时，单位拆房子，有一些不要的木头，我要下来，拿回去当柴烧。我一个人搬不了，叫舅舅来一起抬，当时他才十二岁。木头就放在马路上，等我在单位里打好招呼出来，舅舅和木头都不见了，邻居说："你弟弟一个人扛回去了。"

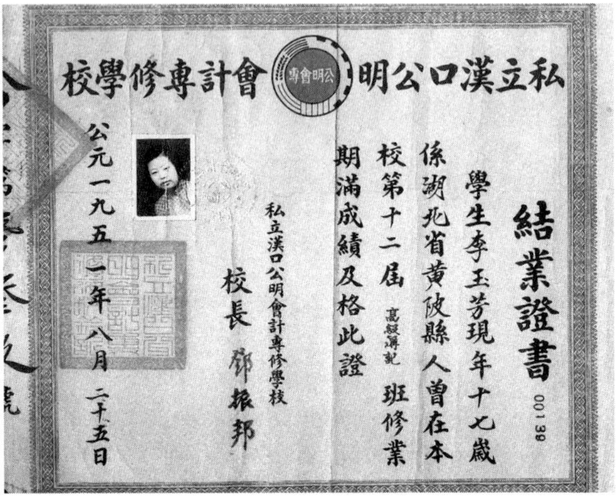
私立漢口公明會計專修學校

結業證書 00139

學生李玉芳現年十七歲
係湖北省黄陂縣人曾在本
校第十二屆 高級簿記 班修業
期滿成績及格此證

私立漢口公明會計專修學校
校長 鄧振邦

公元一九五一年八月二十五日

图 5 李玉芳的会计结业证书

我赶紧追，他已经到屋了。

那时候，我们从居委会领草来编草帽，我和舅舅编得很漂亮，还被居委会拿去展览。舅舅蛮肯赚钱，吃饭的时候也把草挂在脖子上。那时，都用拖板车运货，上坡很吃力，我们就去帮忙拉，用一根绳子，头上带个钩子，他们会把点钱，我就因此赚点小钱。同事都在外面望着，一看到有板车，就上去问，要不要帮忙。如果答应了，他们就跑回来喊：“玉芳，快点，去拉。”我抓着绳子就跑出去，用钩子钩住板车，用力拉。

有一次，板车前面有一个老头子挡在前面慢慢走，我们几个人都在用力拉车，不住地喊：“同志，同志，让一下！”他半天不理，最后回头来一句：“哪个是你们的同志啊！”我们全都哈哈大笑，原来他不肯当我们的同志。

整理者按：妈妈对一个人不怎么提，那就是她弟弟，我们的大舅——李和国。她说，20 世纪 50 年代和国经常在外打牌后，回家偷东西，还把妈妈的耳环等都偷出去卖。妈妈很恨他。后来不知道犯了什么案子，他被抓走，关在沙洋农场（湖北荆门地区）。大约在 1979 年，李和国突然回来了。过去的家，虽然由木板房变成了楼房，但地址没变。他很客气，看到我们三个孩子好像很高兴，很想跟我们套近乎。妈妈不理他，也不允许我们小孩子跟他说话，爸爸陪他聊了一会儿。据说他也去黄石找了小舅舅（和敏，当时在黄石下陆钢铁厂工作）。过了一个月吧，沙洋农场来了一封信，说他在农场一棵树上上吊自杀了，问妈妈是否要去农场处理。妈妈和爸爸商量，写了很长的一封信，主要叙述了他回武汉的一些情况，最后请农场处理后事。这封信当时我全文读过，记得妈妈的字写得很规矩很漂亮。

畢業証書

学生李玉芳是湖北省/市黄陂县/區人，現年贰拾叁歲，在本校小學班修業期满，成績合格，准予畢業。此証。

校長

1957年1月30日

图 6　李玉芳的小学毕业证书

私人相簿

袁宜厂与“胖太太”

金 靖

图1这位英俊儒雅的男士是我的姥爷袁宜厂（音 ān，同“庵”多用于人名），听母亲讲，姥爷生前曾是京城小有名气的漫画家。许是遗传了姥爷的基因，我从小就喜欢涂涂画画，几个表兄妹也都有些绘画的天赋。可惜姥爷英年早逝，我不仅没有见过他，更没有机会得到姥爷的指点。而且由于历史原因，家中除了少数几张照片，几乎没有留下姥爷的任何作品及其他遗物。这些年，我们陆续通过各种途径，查证到一些信息，搜集到姥爷当年的一些画作。今年是姥爷离世五十周年，谨以此文纪念。

我姥爷本名袁宝铭，1912年大年初一出生在原北京市宣武区的一个印刷工人家庭。他是家中独子，下面还有两个妹妹。姥爷七岁时，他的父亲袁熙麟就病逝了，母亲无力养育三个子女，只能将他托付给叔叔袁玉麟。在那时，姥爷便已经萌生出绘画的兴趣，虽然家境贫寒，但哪怕是一根树枝、一粒石子，都能成为他的“画笔”，眼中看到的一切都是他画的对象，蹲在地上一画就是半天。

1926年，因生活所迫，年仅十四岁的姥爷进入印刷局当学徒。始建于清光绪三十四年（1908）的印刷局，前身为度支部

图 1　姥爷袁宜厂

印刷局，1912 年改称财政部印刷局，是我国第一家采用雕刻钢版凹印工艺印制纸币的官办印钞企业，也就是我们俗称的“印钞厂”。在这里，他向师傅刘玉山学习币钞原样设计，更增强了对绘画的兴趣。他所有的空闲都用来蹲报摊儿、泡图书馆和练习绘画，为以后的漫画创作奠定了基础。

30 年代初，姥爷开始利用业余时间创作漫画，并试着向报社投稿。几经挫折，画作终于发表，他欣喜若狂，投入更多精力进行创作。据说他从构思、起草到完成作品往往一气呵成，经常是通宵作画，第二天一早将作品送到报社后，再急匆匆赶去印刷局上班。妙龄女子“花瓶儿”、胖太太、瘦先生、黑小子等人物形象在他的画笔下一个个诞生。他的连续漫画《花瓶儿》《胖太太》等，先后在《时言报》《小实报》《三六九画报》以及《近代杂志》《全家刊》月刊上发表。这些漫画小品以夸张的手法、生动的情节、幽默的笔触展现市井小民的喜怒哀乐，揭露旧时的愚昧丑陋。时至今日，若是和老北京人提起袁宜厂的“胖太太”，不少人仍会记忆犹新，连声称道。当时报界对他的评价是：“北京市名漫画家袁宜厂君，所绘胖太太漫画，遐迩闻名，线条生动，为华北不可多得之杰才。”（《三六九画报》1942 年 16 卷第 3 期）

由于报刊上的连载漫画大受好评，1934 年至 1935 年间，《时言报》编辑部连续出版三集《胖太太》漫画单行本，主编周友

图 2 姥爷的父亲袁熙麟

图 3 姥爷的叔叔袁玉麟

图4　《胖太太》单行本第三集封面

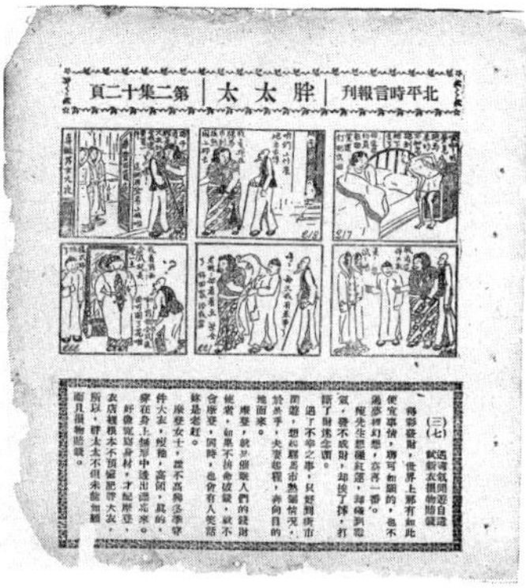

图5　《胖太太》单行本第二集内页

莲在第二集序言中介绍，“《胖太太》首集出版后，竟风行社会，受尽多数阅者的欢迎”，并评价《胖太太》系列漫画“有无限趣味，也包括了许多挽俗讽世的意义，或俗或雅，亦庄亦谐，这又是作者以‘艺术’劝世的一番苦心”。周友莲先生称姥爷为“艺术的前锋”，而姥爷也表述了自己对于漫画艺术的看法：“民间艺术，亟待发扬，所以，我们也秉着一点提倡的精神，努力去干，中间，再以滑稽的材料点缀于其间，以为增加阅者的兴趣，一方面也可使阅者，因兴趣而深识了艺术……”他对于绘画的热爱，则写在了《我与胖太太》这篇小文中，“我爱画，犹如我的生命一样，宝贵、珍惜，爱画的美，爱画的妙”。

除了创作漫画，姥爷还喜欢画扇面，他并没有沿袭在扇面上绘制国画山水花鸟的传统，而是把自己创作的漫画人物放了上去。1936年，他曾与丰子恺、席与承共同绘制扇面“夫妻双簧”。1942年7月9日至13日，他在北平中央公园（今中山公园）成功举办了“袁宜厂扇画展”，展出他绘制的团扇百余柄、镜心数十幅。《三六九画报》报道了这次展览，并给予“立意新奇，为独出心裁之作，在扇展中尚属别开生面者”的评价。1944 年和 1945 年，他又在中央公园分别举办了“袁宜厂个人画展”和第二次漫画扇面展。

姥爷平日注意观察生活中的点滴事物，关注社会时政，为漫画创作积累素材，同时，与同行们也多有交流沟通，切磋技艺。1937 年春夏之交，姥爷受孙之俊（中国现代漫画和连环画的先驱者之一）的邀请，与张振仕、梁津、席与承、穆家麒、刘凌沧、陆鸿年等画家为由沪赴平的叶浅予、梁白波、陆志庠接风洗尘。在聚会上，大家对日寇进犯华北和冀察政务委员会卖国求荣的行为十分愤慨，决意联合爱国的漫画家共同举办漫

图 6 1945 年，姥爷（右四）在中央公园举办漫画扇面展。

图7 姥爷（前排右三）与乒乓球队友们合影。

画联展宣传抗日。7月3日，北平历史上第一次漫画展览会在中央公园正式开展，因画作的主题多与抗战有关，又被称为“爱国漫画展览会”。展览在社会上引起热烈反响，主办者决定卖画筹款，将展览续租延展至7月7日，据说闭幕当日，观众“迟迟不肯离去”。之后不久，北平沦陷。穆家麒先生在《画缘琴梦录》中回忆此事时，提到1939年，北平漫画界为纪念这一展览，重聚在中央公园，还拍了一张合影，刊于1939年7月《新民报》半月刊上。而在1941年7月的《全家福》月刊上，又有7月25日至27日北平中央公园举办漫画展览大会的消息，可见，姥爷与漫画界同仁们，一直在以个人力量支持抗战。据母亲讲，

图8 1953年，姥爷（前排左一）偕子女与同事在上海人民公园游玩时合影。

图9 姥爷（后排右）与幻灯制片厂的同事们合影。

图 10 1968 年，姥爷与小外甥。这是他生前留下的最后一张照片。

他还创作过反映中国百姓在日寇“三光政策”下惨遭凌辱杀害的连环画册。

新中国成立之初，姥爷抱着热爱祖国、拥护共产党的豪情创作了一部新的漫画《黑暗到光明》，这也是他一生中最后一个“胖太太”作品。1950 年，姥爷调到北京幻灯制片厂工作。50 年代中期，因工作需要，举家迁至上海数年，此时的姥爷是幻灯厂的质检员、区业余乒乓球队员。“文革”期间，姥爷受到迫害，于 1969 年 2 月 10 日不幸去世，终年五十七岁。

怀念父亲

陆瑞仁

父亲陆期愧，生于1915年2月22日，卒于1990年1月27日，名长春，笔名声雷，江西丰城陆家巷人。“运际昌期瑞有因，兹培华桂日成新”——这是一个大家族，共五房，我们这支是最小辈第五房。先祖父母最疼爱小儿子，所以第五房房子造得最好。按“期”字辈，有男丁十三人，父亲排于十二，聚居在一个大宅院内，共四进，前三进住人，四进为各家单独的厨房，后面有三个花园，前花园为晒衣物和玩耍之处，中和后花园种有桃、李、柚、枣、桑等树。世代书香之家，家训极严。父亲从小刻苦读书，在祖父的指导下，每天要临《兰亭序》一幅，十五岁拜江仪善为师，并结识同窗杨向时、曾文辉，刻苦勤学，从四书五经，聆孔孟圣训，明修躬大道，悟穷通之至理，达存养之功用。书房定名“养气斋”，并以“白日莫闲过，青春不再来”为座右铭。

1937年，父亲与一批丰城本地诗词爱好者发起成立龙山诗社。主要发起者有任传藻（瑾存）、杨雪斋（向时）、李馨（奎声）、江仪善、陆期槐（长春）、陆仲吕（树勋）等数十人，以诗词并千余字的骈体文，广搜典故，词藻华丽，流风遗韵，刊刻油印散布。每月一次拟定题目，彼此唱和；每季相约到龙头山聚会一次，游览风景，题诗作文相互观摩。如八人联句“风云际会日月光华”八字，每人以字为准，父亲抽得“光”字，赋诗如下：

风洒兰林酿泰和，云呈五色影婆娑。
际调风管回光气，会劈龟山有斧柯。
日丽乾坤生意满，月明桃李咏怀多。
光芒射斗知龙在，华夏衣冠万国罗。

生母甘荣棣，本县（丰城）下阳岗人。外祖父在本埠开了一家布匹店，店号曰“甘益泰”。外祖母出身本县张巷邹望任家，叫任福秀，生育有二女，大女即家母，小女甘秀棣。1938 年由父亲的老师江仪善介绍与父亲成亲。1939 年姐利贞出生，1941 年 12 月本人出生。1943 年母亲生完大弟后，由于用药不当而去世。当时正值抗战，父亲随同县政府人员迁入山区，家中只剩下奶妈（父亲的奶妈）和外祖母、姨母秀棣，于是我们被外祖母带到她的家中住了近一年之久，当时我只有三岁，姐五岁，至今脑海中对此尚有隐隐的记忆。

继母葛凤英，1918 年正月初四生，本县富家千金，二十六岁由县长介绍、主婚与父亲结婚，婚庆胜况，据说很盛大。此时父亲任银行主事，按规定职员和家属可享受本行福利共同进餐，母亲却从不参与，父亲极少在家吃饭，只有年节才回家共餐。从我知事的六岁起，每年农历腊月二十四一过，都要打扫前厅、书房，在书房内挂上孔子像位，前厅挂上“八大山人”中堂一幅、花鸟四条幅及史可法的对联，元宵过后即取下收藏。这样年复一年，但 1949 年后就再也没有挂过。年底也是父亲最忙的时候，如绸布店、南北货店、食品店等的牌匾和对联一般都出于父亲之手，父亲都要带我去，我的任务：一、磨墨，按书法要求不准用墨汁，这就比较费工夫；二、在他写对联时要站他前面，每写一个字都要把纸向前拉一拉。完成后，店老板会给红包，当时都是给现洋，这是一笔可观的收入。

图 1 前排左起：有农、晓逢、蔡小英、有璋、母亲、父亲、有红、有娉、有瑾。后排右起：舒胜妹（三弟媳）、刘醉霞（妻）、作者、胡正忠（姐夫）、西成（二弟）、瑞成（四弟）、麟洲（三弟）、利贞（姐）、甘义兰（二弟媳）。摄于 1988 年。

图 2 作者夫妇的结婚照。摄于 20 世纪 70 年代。这张照片是婚后拍的，花了五元钱，相当于当时三天的工资。

1950 年初的一天傍晚，杨雪斋、曾文辉来家与父亲见面。三人在书房会谈，支开了我。几十年后我问起那次谈话的内容，父亲说：杨对父亲说，军管人员要他交代手枪和其他人员的去向，杨回答说他在省、县都是从事文字工作，是个文人，枪从不会玩，会帮助政府。因此感到情况不妙，讨论三人一起去香港转台湾，一切由杨安排。父亲考虑到家庭负担很重，我母亲（继母）独立生活能力差，还有四个子女，就未同行。这次谈话就成了他们的永别。经过一晚的考虑，他两人去上海转香港。父亲决定去南昌另谋职业。第二天银行员工来家找父亲，母亲回答外出了。到南昌后，凭父亲的关系和在银行十多年的业务

图 3 杨雪斋赠给父亲的照片。
1981 年 3 月杨雪斋六十五岁时拍摄。

水平，能双手打算盘，很快找到了会计工作，稳定后我们全家就在南昌定居下来。

1957 年底，查出父亲是国民党党员，父亲解释："我没写申请书，那时银行工作人员都要参加，不要任何手续，集体入党，入了党自己都不知道。"他是手工业联社主办会计，工资每月五十四元。另外他每周有两个晚上给会计补习班上课，报酬是十二元。这在当时是相对较高的收入，所以全家生活还算可以。拖了半年，单位还是熬不过上级下了文。父亲作为伪职人员、国民党党员，被判三年劳改，押送至郊区农场。由此，家中失去了经济支柱。

姐姐当时十六岁，只好做保姆帮人家带两个小孩，一个三岁，一个一岁，包吃住，每月三元。我在上初中一年级，上二年级报到时，找班主任如实谈了家中情况，班主任黄制沉思片刻说：这样吧，学不要退，写个报告给我，代你申请甲等助学金，一切费用全免。这是我碰到的最好的事。

母亲带着三个弟弟回老家丰城老宅，有自己的房子可居住，不用租房，我和姐姐的户口留在南昌。这时正是1960年，定量的粮食不够食用，便以米添加野菜，一天吃两餐粥度日。母亲只好摆摊做点小生意，贴补家计。天无绝人之路，有些父亲的老熟人，其中有“龙山诗社”的周谋球，住在河对岸曲江街上，见到母亲就不动声色给了二十元和二十斤粮票，并对母亲说：“长春嫂，慢慢来，我会经常来看你们。”1961年底，父亲刑满回到老家，没有工作，他只好重操旧业，拿起纸笔墨砚在临街摆张小桌，干起了代写书信这一行。不相识的人，写一封信收一角钱，而有些老熟人或有交情的故友，则一封信一元、两元或粮票、一包香烟，就这样熬到“文革”。父亲又被押送到农村监督劳改。当时县印刷厂看中我们这栋老宅院，同街道办事处一起强行让我们限期迁出，只留下七伯父一家，由街道另行安排。这栋老宅院的门、窗等件件是文物，字画、家具亦是无价之物。先祖是清嘉庆年的进士，前厅中有皇帝钦赐的“进士甲第”匾。

我们家被下放在距县城九十多里、三县交界的山区——艾湖公社廖桥左家湾沙窝村。沙窝村距左家湾有七八里远，全村都姓吴。之前这里是我们陆家巷五房的庄园，整村都种陆家的田，当时交通不便，远距县城相对安全，一有战事发生，老小都要避难于此，像北伐战争期间，祖母就在此避难时去世，抗战时祖父也在此去世，这里还有我们家族的祖墓地。我们家二伯叫春荣，比父亲年长约二十岁，从小就没刻苦勤学，一无学问，二无手艺，祖父叫他处理庄园之事，他的一生都在左家湾度过，

图 4 晚年的父母。摄于 20 世纪 80 年代。

只是过年才回县城，一生未婚。他去管理倒很简单，从不收租，交完公粮，其余归自己所有，只要自己有吃用就够，几十年已成定例，父辈也不问此事。村民是讲良心的，在南昌定居时，我们同父亲去扫墓，村上七十岁以上的老人都认识父亲，很尊敬地称他为“长春老板”。

在农村居住十二年后，1980 年我们家才回丰城，然后到南昌定居。此后是父亲晚年比较安定的十年，做了几个单位的会计工作，有的工作由单位专人来接送单据，免他来回。他也自知时日不多，日夜回忆平生旧作，将平生所作五十一首诗用毛笔誊写辑成稿，其中七律十六首、七绝十三首、五律九首、五排一首、四言六首、五古五首，古风一首，书法有中堂、斗方、条幅、扇面不等。父亲又为每个儿子的前门、厅堂书写了藏头诗，为我书写的是“瑞日兰芝光甲地，仁风棠棣振家声”。1990 年元月初，春节临近，父亲要回老家。当时正在落实房屋政策，我们选的房子建在县郊空地上，约一百平方米，按家中分配的原则，四兄弟每人一间，父母都没住的地方，中间是饭厅，后面是厨房。总造价三千元不到。临行前，父亲谈起抗战胜利后，丰城街上的旅馆住了一位算命卜卦的测字先生，父亲按最高价出了两个大洋请其算命。坐定、看相、看手、问年庚后，这位先生留下字句，如下：

> 乙庚逢龙化真，财旺堪以显亲。不是乡区小贵，可以出仕扬名。木火相照之格，知君非常聪明。才识堪以出众，举止亦复超群。手段颇辣，广结高人。妻宜命硬，方免其刑。子多不立，结果两丁。现行丑墓，安分守贫。丙运三奇会局，五载有利有名。子运多薄福，乙程志愿申亥冲要注意。甲地养精神，戊真恐难行。——春秋笔推算。

以上推算大多不准确，如我三岁即丧母，“妻宜命硬”显然不符。但亦有准确之处，如“子多不立”，我只初中学历，二弟西成只读了一年中学，其他二人为小学毕业，都是普通百姓。因 1990 年我们四兄弟的状况都很好，没有病和其他事，我便问父亲“结果两丁”的意思，父亲的解释是，可能走的时候现场只有二人送终，“戊运难行”七十五岁止。1990 年 1 月 21 日我送父亲上车回家，但他半道去探望叔叔，因叔叔家没有排气扇，致使他咳嗽不止，引起支气管炎旧病复发。弟弟不懂，送中医院以致误诊，等我们到时父亲已经停止呼吸，当时现场只有二弟三弟两人送终，这大概就是“结果两丁”的谶语了。

一生奉献北京园林古建的父亲

赵 淳

父亲热爱大自然、热爱生活、热爱他生活了一辈子的北京这个古老的都城，父亲也把他一生的心血奉献给了这座美丽的城市，奉献给了祖国的古典园林事业！1949年，年仅二十五岁的父亲就被年轻的共和国聘为北京市政府都市规划顾问了。无论在最初的铁路局林场任主任，还是在北京市规划局任工程师，以及后来在园林科学研究所任教授级高工，父亲像一头老黄牛几十年如一日默默地耕耘，勤奋地工作。父亲的足迹踏遍了北京的每一条胡同，每一处四合院，每一处古建、园林，包括京郊的千山万壑、名碑塔庙。父亲真是个活地图，对这一切他都是如数家珍，了如指掌。

“文革”后期，历尽劫难的父亲不及身体康复，又把他的全部心血倾注在保护圆明园的工作上。那时的圆明园围墙倒塌，残存的古砖名石多被周边农民拉回家盖房垒圈，这是国之瑰宝经历的又一劫难。面对如此惨状，数九寒冬，父亲靠在名园的断柱上老泪纵横。他马不停蹄联系知名专家学者奔走呼号，历尽艰辛，终于建起围墙，名园得到了初步保护。那时家里桌上、床上堆满父亲收集来圆明园的有关资料，墙上挂满圆明园的地

图 1 1978 年冬天，父亲与同事在圆明园考察。左起第二人是父亲。

图、照片。多少严冬，父亲骑着自行车为圆明园保护穿梭在北京的大街小巷；多少酷暑，父亲为圆明园的合理利用在斗室里泼墨挥毫。他的论述得到知名专家学者的好评和响应，如历史博物馆馆长史树青、古建专家罗哲文、北大知名教授侯仁之、红学家周汝昌、古文物鉴赏家张伯驹，等等。父亲的文章经常登载在《圆明园》《北京园林》等众多专业杂志上。他后来被聘为圆明园顾问、恭王府顾问、夏威夷大学客座教授等，蜚声海外。热爱古典园林艺术的中外友人或登门造访，或书信往来不断，父亲的晚年是繁忙的，也是充实的，他无愧人生！

多年后，卧病的父亲已不能言语，但当有人在他耳边提起让他魂牵梦萦的圆明园、恭王府时，他干涸的眼睛里还会放出异彩。五塔寺的负责人吴女士含泪告诉前来参观的人们：当我们看到保存完好的古建筑时，我们不能忘记赵光华先生，多亏他们那一辈人的呕心沥血，才让现在的人们有幸看到了宝贵的文化遗产！

父亲天资聪慧，一生涉猎很广。他没时间研究中华奇石，但他给奇石杂志写的文章，让奇石家们都佩服得不得了，说：赵工的文章简直太内行了。他不是研究《红楼梦》的，但他写的关于论述《红楼梦》的文章居然得到红学权威周汝昌的好评。父亲还擅长诗词歌赋，他的诗句对仗工整，字句优美，情真意切，令人看后难忘。记得当年北京市评选燕京十六景，父亲在长城饭店即兴为每个景配诗一首，陈毅元帅的儿子陈昊苏兴高采烈，大声称好，并即席朗诵，一时传为美谈。

父亲一生心中充满大爱，对孩子不分儿女媳婿、内孙外孙，一律付以慈情，疼爱有加。对朋友、同事，总是助人为乐，不求回报，厚道诚信。他虽才华横溢，但为人处世总是低调，不

图2 1979年春天，父亲在恭王府向同事讲解王府园林史。左起第一人是父亲。

图 3 1985 年秋，台湾著名古典园林学者到北京拜会父亲。

抢功不夺利。

父亲啊，您的一生命运多舛，但您像一支火炬，燃烧了自己，照亮了我们的人生。我们怎能忘记小的时候，妈妈在远郊的大学里教书，经常不在身边，是您给我们洗头洗澡剪指甲、讲故事，陪我们看电影、逛公园、泛舟北海，是您为我们撑起一片蓝天，给了我们一个健康、快乐的童年！

父亲已故去十年，如今整理父亲的书稿，深感字字珠玑，有如鲜活的生命，跃然纸上！父亲在世时，大家均行色匆匆，淹没在无尽的工作和生活里，隔断了多少语言的交流！如今一键键打印着父亲的诗句，对父亲有了重新的认知，原来在他吃苦耐劳的品格以外，父亲的胸中还装满了诗情画意，浪漫而美好。人生的坎坷并没有熄灭父亲追求真善美的火焰。生命可以消失，文字却永远活着。

我的父亲吕公威

吕蔚东

岁月如流水，逝者如斯。转眼间，父亲吕公威已经离开我们近三十年了。三十个春秋，父亲的音容笑貌时常在我眼前浮现，他对我们的教诲也时常在我耳边响起。父亲做事认真是出了名的，他常对我们说，不管多么平凡的工作，都要认真做好；无论贫与富，待人做事都要真诚守信。我受父亲影响最大，在精神上、心灵上也是受惠得益最多的。年轻时，我对这一点感觉并不强烈，但随着时光的流逝，人生阅历的积淀，我的这种感受愈发分明，愈加深刻。

吕公威，原名吕贤斌，字慕岩，祖籍河南开封，1916 年 10 月出生于军旅世家。其父吕烈培系清政府最后一批选送日本学习军事的公派留学生，日本陆军士官学校九期步科，在日学习期间参加同盟会。民国成立后在很长一段时间内，他在东北讲武堂、保定军官学校及黄埔军校担任战术教官、军委会中将参议等职。吕公威从小聪明好学，曾跟著名军事家杨杰将军学习过书法。吕公威青少年时期，总是随祖父的工作变动而变更求学的学校，先后在北京第十四中学、文治中学读过书，1932 年进汉口博学院（后改为博学中学）就读。吕公威自幼学习勤奋，博览群书，思想敏锐，喜好文学写作，在校期间曾主编《博学年刊》，并成为《大公报》的特约撰稿人，展示了他在写作、编辑方面的突出才干。1937年，吕公威进武昌华中大学中文系学习。寒假期间经陈仁炳、李公朴介绍，与华大同学去山西民族革命大学学习。1938年，他进西北联大学习法律，在这期间，接触到了抗日战争中的许多实际问题，对他以后进入社会，面对现实，有很好的启迪作用。1939年，其父吕烈培将他引荐给军法总监陆军上将何成浚。经何介绍，吕公威被派在四川特种工程处公粮处任科员兼仓库主任。1941年，何成浚又把他介绍给第八战区司令长官朱绍良将军、赵锡光将军。他到兰州，先

左一为吕公威（原名吕贤斌），左二为三弟吕贤武，左三为大姐吕贤举，左四为二弟吕刚（原名吕贤文）。

吕公威三弟吕贤武，黄埔十七期，参加远征军于1942年在中缅边界牺牲，时年二十一岁。

后担任西北军官训练团政治教官，国民党第八战区司令长官部少将参议，国民党第八战区政治部（赵锡光任政治部主任）少将设计委员等职。这期间他经何成浚、秦德纯（军令部次长、陆军上将）介绍加入国民党为特别党员，这段时期与赵锡光将军关系密切，为以后去新疆和和平解放新疆打下了基础。1945年5月，吕公威去重庆中央训练团三十一期学习。中央训练团学习结束，回到兰州不久日本宣布无条件投降。这时第八战区撤销，他又回到重庆。在此期间，赵锡光将军也在重庆，二人关系又有进一步发展。赵锡光将军在国民党军队中，以正直开明、爱兵如子而著称。后赵锡光奉张治中将军之命去新疆，将家室全部委托于吕公威。1946年底，吕公威受河南省政府主席刘茂恩之邀，回到开封，担任河南省政府参议、吏治视察委员。

1947年底，吕公威受张治中将军及赵锡光将军电邀，再赴兰州。在兰州他与张治中将军、陶峙岳将军、赵锡光将军会晤。吕公威以国民政府外交部代表及张治中将军和赵锡光将军代表的名义，到与新疆毗邻的坎巨堤王国进行友好访问。赵锡光将军安排他带领翻译、向导、警卫人员及全部美式装备到达坎巨堤王国，与坎王贾麻里汗会谈王国归附祖国案。坎王把经过他的臣民、随从亲吻过的皮靴送给吕公威，这是当地的习俗，亦是一种很高的礼遇，也表达了对祖国的向往和友好。后吕公威被任命为南疆警备司令部少将高参，实际负责主持《大西北报》和《帕米尔半月刊》及外事工作，在军中得一绰号“无敌牌智囊”。在此期间，他与中共地下党员李尚智二人交往密切，他将李介绍给赵锡光将军，并和赵锡光将军多次密谈策划部队起义。他还将自己的结义兄弟、新疆警备司令部的少将军法处长兼军事法庭审判长刘锡宠介绍给李尚智，共同参与策划起义事宜。在李离开喀什后，他们之间还曾用密码进行联系。新疆起义前，吕公威受赵锡光之命，联络英、苏领事馆。将苏领事馆送的《列宁文选》《党史》等书刊，暗中与赵锡光将军共同阅读。随着解放军战略性大反攻的胜利，国民政府的南迁，国民党岌岌可危，该是抉择的时候了。在这生死攸关的关头，陶峙岳自然想起了与他思想合

吕公威的六弟吕林（原名吕贤学），四川大学毕业，1950 年参加中国人民志愿军，1953 年转业到水电部工作至退休。

吕公威夫人柴林

拍的赵锡光。新疆虽号称驻有十万国军，但由于地域广袤，边防线长，部队实际主要集中在迪化和南疆喀什附近。赵锡光所辖整编四十二师，下辖五个旅，兵力占了一半，要举大义，没有赵锡光将军的参与，起义是不可能成功的。此前两人的想法虽然默合，但从未交流，陶峙岳发一密电邀赵锡光赴焉耆密谈，共商大计。新疆警备司令部副总司令兼南疆警备司令整编四十二师师长赵锡光中将看完陶峙岳的密电，带领少将高参吕公威直奔焉耆。经过焉耆密谈，确定北疆由陶峙岳将军负责，南疆由赵锡光将军全权负责，定下了起义的大计。在高级将领座谈会上，吕公威阐述时事，发表绝不可能爆发第三次世界大战的预言，告诫大家不要寄希望于苏美大战、由美国出面来拯救国民党失败的命运。要求全体将领必须听命于陶峙岳、赵锡光将军的指挥，走向光明。会后，吕公威还整理出会议纪要，用专电报告给张治中将军，并出任和平解放新疆国民党的全权谈判代表和欢迎解放军进疆筹备会副主任。

1949 年 9 月，吕公威随陶峙岳、赵锡光等高级将领一起率部在新疆起义。吕公威在起义部队宣讲《新民主主义论》，并在当时的《民声报》发表《人类的新纪元》文章，以庆祝十月革命节。11 月底赵锡光将军的夫人蔡琳和吕公威到喀什城郊

20世纪50年代末，吕公威夫妇在喀什军区大院合影留念。

的浩罕庄代表赵锡光将军和四十二军迎接解放军第二军先头部队。起义后，吕公威积极要求到联络部农场改造。驻疆部队掀起了大生产运动，第二军军部从军首长到战士，人人肩挑两只筐子到大街拾粪。当时国民党起义军官有一千二百多人在联络部学习，吕公威积极带头拾粪。他带人来到印巴领事馆，不顾他人的劝阻，下到八米深的粪池淘粪。他一连淘了几个小时的粪，等人们将他拖上来时，他浑身上下都是粪便。吕公威的举

吕公威于开封干休所家中。

动感动了很多学员，使得积肥劳动得以顺利进行。吕公威参加中国人民解放军并被编入第二军，被安排从事部队文化教育工作期间，学员多为老红军、老八路。1954 年新疆军区给他记一等功。1955 年转业到南疆党校任校务委员兼教员，1958 年调农场劳动锻炼，吃苦耐劳，按时完成和超额完成任务，喀什拉玛团结农场党委给他记二等功，全年评功又被评为一等功。1959 年调喀什二中任教员，他的学生在怀念他的文章中对他这样评价：言传身教，育人有方，甘为人梯，令人难忘！

“文化大革命”期间，吕公威受到不公正待遇，但他从未改变自己的信念。1975 年新疆维吾尔自治区成立二十周年之际，他应新疆军约稿撰写了对台湾广播稿《向光明的前途进军》并对台湾广播。1977 年，吕公威和夫人柴林（其父柴若愚系老同盟会员，曾参加著名的滦河起义。为了革命事业，他将家中积蓄无私地资助给革命志士。解放后任兰州市第一届人大代表）及儿女回到故乡开封，享受地专级待遇。离休后多次在香港《大公报》、中国新闻社所属刊物发表文章。1980年，任民革河南省委常委、顾问，民革中央第六次代表大会特邀代表，开封市政协常委，开封市第四、五届人大代表，开封民革副主委等。

吕公威出身于军旅世家，亦武亦文，性直爽，广交友，喜读书，善书法，生活简朴，花甲之年仍保持军人作风，他渊博的知识和博大的爱心感染着每一个与他相识的人。1992年吕公威身患癌症，病重住院期间留下遗言，嘱托家人丧事从简，不开追悼会、不搞遗体告别、不收花圈、不收挽幛，将遗体捐献给祖国的医学事业。1992年5月8日，吕公威病逝于开封陆军一五五医院，享年七十六岁。

书末感言

“自下而上”的历史

冯克力

大约二十世纪六十年代，以英国的艾瑞克·霍布斯鲍姆与拉菲尔·塞缪尔为代表的一些史学家力倡“自下而上的历史学”，把历史研究的重点转移到日常生活和民众的经历上来，试图从个人与时代的交织中呈现历史。这一颇具开创性的研究路径，不仅深刻影响了后来的历史书写，同时也催生了影像对历史研究的介入。对此，彼得·伯克在《图像证史》一书中有过论述。

为什么偏偏是影像（照片）与“自下而上的历史学”能够一拍即合？想来是因为在以往留下的影像里，不仅有大量民众日常生活的直观记录，巨细无遗，而且这些影像更承载了当事者的丰赡记忆，天然地成了“自下而上历史学”的绝好史料，并取之不竭。

说到影像对当事者种种记忆的承载，我们不妨以常见的家藏老照片为例。很少有人没有翻看自家影集的经验：伴随着照片一张张翻过，从其所定格的信息里，哪怕是一个眼神，一个笑靥，一个坐姿，抑或一个饰物，一种发型，一件衣服……都能唤起不尽的回忆，许多尘封多年、已然忘却的陈年往事，每每透过照片中的蛛丝马迹，活灵活现，纷至沓来。

毋宁说，照片是最灵验的记忆催化剂。

在本辑姚亦锋的《童年里的乡村野草花》里，作者结合几张家藏老照片，回忆了“文革”中举家从南京下放苏北农村的经历。以一个少年的体验与观察，对当年的城乡差别、农村的经济政治生态以及农耕文明下的自然风貌，都有细致的记述，留下了一段宝贵的见证。

唐佩云则通过一张结婚照，讲述了一介草民在时代皱褶里的悲欢离合（见本辑《结婚照背后的故事》）。在相濡以沫的丈夫辞世多年后，已年过古稀的她在文末写道：“看着照片里的两个年轻人，我眼泪怎么也止不住，耳边又回响起当时摄影师的招呼声：‘这位男同志，站近点，再近点，对，对……我数一、二、三，笑！’”

一张看似寻常的新婚合影，几乎凝聚了当事者一生的记忆与悲欢！

像姚亦锋、唐佩云们这样的回忆，在《老照片》里可谓比比皆是。这些来自社会底层的影像与记忆，并非仅仅是普通百姓的家长里短、儿女情长，它们无形中也在“自下而上”地，不断丰富并形塑着我们的历史叙事，不容小觑。